アメリカの子供はどう英語を覚えるか

シグリッド・H・塩谷

祥伝社黄金文庫

アメリカの子供はどう英語を覚えるか…………もくじ

Introduction——イントロダクション

PART 1

Chapter 1　Baby Talk——ベビートーク

Chapter 2　Nouns——名詞・代名詞・疑問詞

Chapter 3　Verbs——動詞

PART 2

Chapter 4　Little Words――冠詞・前置詞・接続詞

Chapter 9　Modals & Conditionals——助動詞・条件法

本文イラストレーション——鹿野理恵子

Introduction

イントロダクション

●「日本語的発想」では英語は話せない！

私の夫は日本人で，娘のジーナ（Gina）はハーフ・アメリカンの9歳。私たち一家はジーナが2歳から6歳までのあいだアメリカで暮らし，彼女は生まれてからほとんど英語で育てられました。

日本には英語に興味を持っている人がたくさんいますが，アメリカの子供がどう英語を覚えていくか，みなさんには想像ができるでしょうか。

きっとどこの国でも子供が言葉を覚える過程は似ていると思いますが，もしかしたら外国語を勉強しようとするときに，その国の子供がどう言葉を覚えるかということが何かの参考になるのではないかと私は思うのです。

たとえば日本人は「日本語的発想」で英語を話そうとしてまちがいを犯しがちです。

“I ‘saw’ a dream last night.”

と，ある日本人の友人が言うのを聞いて，私は一瞬戸惑ってしまいました。これはあまりにも日本人的なまちがいです。アメリカの子供は，決してこんなことは言い

ません。この文を無理に日本語に訳すと,
「私は昨夜,夢をこの目でハッキリと見た」
　というおかしなものになってしまいます。
　アメリカ人の子供なら4歳くらいの子でも,
　“I had a dream last night.”
　と正しく言えるでしょう。
　この正しいほうの答えを見ると「あぁ,そうそう,これが正解だ」とわかるでしょうが,とっさのときにはド忘れしてしまい,「えーっと,見ただから“saw”で……」とやってしまいがちです。
　これは,日本人が「“have”＝持つ」と最初に覚えるため,「夢を持つ」では変な感じがするので,スッと正解が出てこないのでしょう。
　しかしアメリカ人の場合は,子供のころから“have a dream”という言い方を本からではなく実体験を通して覚え,しかもフレーズとして「ひとかたまり」で覚えてしまっていますから,無理なくすんなりと出てきます。
　だからまず,英語をマスターしたいと思ったら,
　“see”＝見る
　“have”＝持つ
　という単純な覚え方を見直す必要があるのですが,その前に,「アメリカの子供は,それぞれの言葉を最初にどんな場面で耳にし,どう理解し話せるようになるのか」を知ってみると,あなたの英語に対するセンスはネイティブのそれと近くなり,次第に英語力もアップするはず

です。

似た例ですが，結婚当初，私の夫は「キミをしばりたくない」という意味で，

“I don’t want to ‘bundle’ you.”

とよく言っていました。私ははじめ彼が何を言っているかわからず，「私を束にするってなんだろう」と，ただ首をひねるばかりでした。

ある日，彼が言いたかったのは，

“I don’t want to burden you.”

ということだと気がつきましたが，おもしろいのであえて訂正せずにいました。ところが，彼がずっとそう言い続けるので私も気の毒になり，教えてあげることにしました。すると「どっちも似てるじゃないか！」と彼は開き直りました。

ところがそうではないのです。彼のまちがいは日本人的な発想によるものですが，アメリカ人なら子供でもまちがえません（もちろん，こんなセリフ，子供は使いませんが！）。それに「キミを束にしたくない」と，わけのわからないことを言われ続ける私の身にもなってほしいものです！

これに関しては，日本語にも複雑な部分があります。日本人がこのような意味で「しばる」と言うときは「束縛する」という意味で使われ，本当にひもでしばられるわけではありません。

ところが知らない外国人が聞けば「私はひもでぐるぐ

る巻きにされるの!?」と思ってしまっても不思議はないのです。それと同じように，その言葉を外国語に直訳してしまえば，相手に同じような奇妙な印象を与えてしまうというわけです。

他にもこんな例があります。

彼は「足元に気をつけて！」と言うときに，

"Watch your steps!"

と言いますが，正しくは，

"Watch your step!"

これはジーナでさえ絶対にまちがえませんが，夫は「階段はいくつもあるから"steps"でもいいんだ！」と変な言い訳をします。でもこれはイディオムであり，本来「階段」のことではなく「一歩」あるいは「段差」の意味ですから"steps"はまちがいです。

このように日本人はまちがえるけれど，アメリカ人なら子供でもまちがえないという例はたくさんあります。それは，アメリカの子供は，生まれてから言葉を覚えていく過程で「英語的発想・感覚」を身につけ，それをもとに「話す」のに対し，日本人はそうではないからです。

●アメリカ人も英語をまちがえながら覚える

しかし，もちろん言葉を覚えていく過程では，子供も混乱し，使い方をまちがえることがあります。

私の9歳になる娘ジーナは，いまだに「鹿」のことを"deers"と言いますし，「リンゴ」を"a apple"と言ってしまいます。

正しくは，“deer”は複数形も“deer”ですし，リンゴが1個あれば“an apple”。アメリカ人の子供でも言葉(英語)をまちがえながら覚えていくのです。

日本人の場合もまちがえながら英語を話せるようになるのだと思いますが，日本人の犯すまちがいとアメリカ人の子供の犯すまちがいとでは微妙にちがうところがあります。子供のまちがいは，言葉の法則を知らないために起こるまちがいで，成長するにしたがってだいたい直ります。

「アメリカの子供がどのように言葉を覚えていくか」を追ってみる，つまり，言葉を話し始めた初期から，むずかしいセンテンスを使えるようになるまでの過程を見れば，当たり前ですが，日本人とは「英語の覚え方」が全然ちがうことがわかると思います。

日本人は，いつも文法を気にしながら英語を勉強しますが，アメリカ人の子供が文法を学ぶのは小学校に入ってからです。だからと言って文法がまったく必要ないというのでは決してありません。

しかし子供は文法を知らなくても，小学校に入るまでにはちゃんと自分のことを話し，意思を伝える能力を体験的に身につけています。

もちろん語彙(ごい)は少なく，むずかしいことは言えませんが，自分の感情や考えを伝えることができ，また他人の言うことを理解します。

子供はまわりの人との会話のなかで，これらの能力を身につけます。そして学校で読み書きを習い，本を読んだり授業を受けることによって，語彙が増え，文法的なまちがいを直していくのです。

つまりここで言えることは，6歳の子供でも，人とコミュニケーションを持つには十分な英語力を備えているということです。

ですから，アメリカ人の子供が「生まれてから言葉を理解してやがて話せるようになる過程」つまり，はじめにどんな状況でその言葉を耳にし，どう発展させていくかをこの本で「体験」することが，英語をマスターするための参考になるのではないかと私は思うのです。

●子供は話し始める前に「言葉の意味」を理解する

言葉は，人と人とがコミュニケーションを持つための道具です。しかし，コミュニケーションが単に言葉だけで行われるかというと，決してそうではありません。

いかに自分の要求や，好き嫌いや思い，考えなどを相手に伝えるかということは重要ですが，自分のことを伝えるだけではなく，相手の要求や好き嫌い，考えなどを知ることも大切です。そのためには言葉だけでは不十分なこともあります。

コミュニケーションは，人が生まれたときに始まります。生まれたばかりの赤ちゃんは，自分の要求を言葉で言いあらわすことができませんから，泣いたり大声を上げたりして，体全体で相手に伝えようとします。

そして母親は，愛情や思いやりを赤ちゃんに伝えるのに，言葉と態度の両方を使います。優しく話しかけ，愛撫したりしながら，何とか赤ちゃんの要求に応えようとするのです。

言葉のわからない赤ちゃんに話しかけても，赤ちゃんにはお母さんが何を言っているのかわかりません。しかし赤ちゃんには，やわらかで愛情のこもったお母さんの声の調子はわかります。

こうして赤ちゃんとお母さんがコミュニケーションをしていると，次第にお母さんが何を言っているのか，まだ言葉を話せない段階の赤ちゃんにもわかるようになるのです。

たとえば，お母さんが，

“Bye－bye.”

と言うと，赤ちゃんは泣きそうな顔をします。それはいつも母親がどこかへ行くときに“Bye－bye.”と言うのを知っているからです。

でも，まだ自分から“Bye－bye.”を言うことはできません。「わかる」ことと「話せる」ことはちがうのです。

そして生まれて数か月すると，意味のない（本人には意味があるのかもしれませんが）音を発しだします。やがてそれは，意味を持った「言葉」になります。

成長するにしたがって言葉の数もじょじょに増え，単語でしか話せなかったのが，文を組み立てて話せるようになります。

しかし覚えていく言葉の順番は，生活に密着していますから，外国人が英語を本で覚えるのとはかなりちがう部分があります。その過程を追いながら，日本の人が英語をマスターする参考にしてほしいと思い，この本を書きました。

●取り上げた言葉について

この本では，私の娘ジーナの言葉の発達を軸に，アメリカ人の子供がどのように英語を覚えていくかを紹介しています。

ジーナは，1982年6月21日に東京の立川で生まれました。イギリスのウィリアム王子と同じ誕生日です。

ジーナが2歳になるまで私たちは日本にいましたから，ほとんど英語で育てたとはいえ，彼女の初期の言葉には日本語も混ざっていました。「パイパイ」（おっぱいのこと）「イタイ」「トーフ」などです。しかし彼女のその当時の言葉の90％は英語でした。

私たち家族は，ジーナが2歳のときにアメリカのシュルーズベリー（マサチューセッツ州）に移り，彼女が6歳になるまでアメリカに住んでいました。ここで彼女は「パイパイ」以外の日本語をすべて忘れてしまいました。

ジーナは2歳半からアメリカのプリスクールに通いだし，5歳からはキンダーガーテンに行きました。

彼女がちょうど6歳になったばかりの1988年8月に，私たち家族はまた日本に戻り，ジーナは10月から幼稚園に行き始めました。そして1989年の4月に小学校に入りました。

ジーナは日本の生活になかなかなじめず，日本語を覚えるのも当初はずいぶん苦労していました。私はそれをかわいそうに思い，しょっちゅうアメリカの私の両親のところへ連れていきました。1988年のクリスマス，89年と90年の夏，そして今年の6～8月にもアメリカに行ってきました。

しかし最初におことわりしておきますが，アメリカは大変広い国でいろんな人が住んでいますから，子供の言葉の覚え方はさまざまです。

しかも貧富の差が非常に激しい国ですから，生活レベルによっても言葉の発達の仕方がちがいます。

ジーナの場合は，プリスクールに行けるような比較的恵まれた環境で育ち，私が昔プリスクールの教師をしていたこともあって，教育環境はとても良かったと言えます。

ですからそのことを踏まえたうえで，この本を読んでいただきたいと思います。

またこの本で取り扱った言葉の例は，ジーナがアメリカにいたころの例がほとんどですが，その他にも，私がプリスクールで教師をしていたときに聞いた，アメリカ人の子供たちの言葉も多く採用しています。

さて，これから実際にアメリカの子供がどのように言葉を覚えていくのかを見ていきましょう。本書が，少しでも多くの人のお役に立てればうれしく思います。

1991年 9 月

Sigrid H. Shiotani

PART 1

Baby Talk

Nouns

Verbs

Chapter 1

Baby Talk

ベビートーク

●まわりの音は何でもまねしてみる

アメリカ人の子供も，他の国の子供も同じだと思いますが，「言葉」の始まりは，まわりの音を聞いてまねしてみることです。

それははじめ，子供が適当に意味もなく音を発しているだけのように思えます。そして音を発せられるようになると，その音を繰り返し出し続けます。

私はジーナが生まれたときから，彼女のことを日記につけていますが，彼女のはじめての言葉らしきものは生まれてから9か月目に出ました。

ある日，私は彼女が発する音に注意深く耳を傾けていました。彼女がいつも発している「騒音」が，そろそろ何か意味のある言葉になるのではないかと期待していたのです。その音は，

"ha ha ha."

"ma ma ma."

"da da da."

"pa pa pa."

というものでした。

これらは，取りようによっては意味があるとも言えますし，ないとも言えます。

もちろん，ふだん彼女のまわりを飛び交っていたり，ときには彼女に向かって語りかけられる言葉のなかから“Mama”や“Papa”という言葉を選び，まねして言ったようにも聞こえます。

しかしこのときジーナは，同じ音を繰り返して，音楽を楽しむかのように，自分の出す音の響きを楽しんでいるだけのようでした。また，これらの音が彼女には発音しやすかったとも言えるでしょう。

同じころ，ジーナがこのように音を繰り返し発して私を困らせたことがありました。もちろん彼女にとっては意味のない「騒音」に過ぎなかったのですが，偶然にも「その音」が他の人には特別な意味を持っていたのです。

私が2階のバルコニーで洗濯物を干していたときの話です。私たち家族はこのころ日本に住んでいました。

はじめはおとなしく私の足元で遊んでいたジーナが突然大きな声で，

“boo－ta......boo－ta......boo－ta.”

と繰り返し叫び始めたのです。

「また意味もないことをジーナがわめきだした」

という程度にしか考えず，私もジーナの言葉のリズムに乗って踊りだす寸前でした。

通りをちらっとながめると，太った女性が歩いていました。

しばらくはジーナの「言葉」を聞きながら，調子良く洗濯物を干し続けていたのですが，突然，私はジーナの発した音が日本語の「豚（ぶた）」の音に似ていることに気がつき，ハッとしました。

英語で太った人を“pig”と呼ぶのはとても失礼なことなので，日本でもきっとそうに違いないと私はとっさに思いました。

私はとても困惑し，娘がその女性を「豚よばわりした」と思われたらどうしようと心配になり，あわててジーナを部屋のなかに連れて逃げました。

もし読者のなかにその女性がいたら「ごめんなさい」とここで謝りたいと思います。これはジーナが言葉を覚える過程で引き起こした事件ですが，場所がアメリカなら起こらなかったことですから，偶然のイタズラだとしか言いようがありません。

小さい子供は，自分のまわりで聞いた音はなんでもまねてみるのが好きなようです。ある日，救急車が通りかかったとき，ジーナは，

“ha ho ha ho ha ho”

とサイレンの音をまねて言いました。これは「日本の救急車の音」を彼女がまねたもので，アメリカ人の子供がみんなこう言うわけではありません。第一，アメリカの救急車のサイレンの音は，日本のとはまったくちがいます！

日本人の子供が同じような場面で，

“pee po pee po pee po”

と言っているのを聞いたことがありますが，これは，日本人の親がこのように言い方を教えるからだと思いますが，どうでしょうか？

不思議なことに救急車の音をまねるときに，“ha ho ha ho”と言っている日本人の子供を私は見たことがないのです。

●少ない語彙で子供は必死に表現する

いまのは車の音をまねした例ですが，子供がもっとも頻繁（ひんぱん）にまねをする音はといえば，やはり人間が話す言葉です。それも母親や家のなかにいる人の言葉です。

はじめのうち，子供は大人が話す言葉のうち，全部をまねることはできませんから，そのなかからひとつの単語あるいはフレーズをまねします。

しかし，親と子のコミュニケーションは言葉だけではなく，声の調子や顔の表情，ときには動作を加えた形でなされます。子供は言葉が話せないうちから，お母さんの言葉を聞いて顔をしかめたり，笑顔を見せたりします。

では，子供は母親の言葉を聞いて，どうやってその「意味」を理解していくのでしょうか。

最初は，お母さんが声をあららげ，怖い顔をしていると「怖い」と感じ，優しい顔で話しかけられるとニコニコするだけかもしれません。

英語がまったくわからない人がアメリカに行って，相手が何を言っているのかわからないけれど，自分が怒られているのか，好意を持たれているのかだいたい見当がつくのと同じかもしれません。

が，次第に，子供は音のトーンの「信号」を，お母さんが怖い顔をして言う，

"No!"

や，良いことをしたときの，

"Good boy!"

という言葉と関連づけて「言葉の意味」を理解するようになるのではないでしょうか。

はじめは子供の理解もあいまいですが，言葉と同時に頭をなでられたり，ひっぱたかれたりして，じょじょに理解します。

そして子供のほうはといえば，言える言葉の数が少ないので，自分の意思を伝えるために態度を加えて訴えます。子供にとってはこれが重要です。

たとえば，子供は"No!"という表現を比較的早い時期に覚えますが，それを強く表現したいときには，

"No!"

と言いながら足を踏みならしたり，叫んだり，涙を流したりします。

つまり，「嫌だ」とか「ちがう」とか言いたいのに「ノー」という言葉のほかにうまく説明する言葉を知らないので，動作を加えて一生懸命伝えようとしているの

です。

このように子供は少ない言葉と動作の組み合わせで，すべての感情をあらわそうとします。子供は自分の限られた語彙を超えて，考えや感情をあらわす天才だと言えます。

娘のジーナが“bye－bye”という言葉を使って，私に「別の意味」を伝えようとしたことがありました。

ある日私が部屋を出ようとすると，ジーナは私を見て泣きそうな顔をして，

“Bye－bye, bye－bye.”

と言いました。

彼女がこれであらわそうとしたのは，

「“bye－bye”と言わないで。私を置いていかないで」

という意味だったのです。

私はもちろん彼女を置き去りにすることはできませんでした。言葉がまだよくわからないジーナに，

“I'll be right back.”

（すぐに戻るわ）

と，いくら説明してもムダで，彼女をひとりにしないことで，彼女の伝えようとしたことを理解したと示さなければならなかったからです。

またあるとき，私が友だちとのおしゃべりに夢中になり，ジーナをかまってあげるのを忘れていると，ジーナが突然，私の口の前に両手をもってきてパンとたたきました。

Bye-
bye.

そして，しかめっ面をして，

“Bye‐bye.”

と言ったのです。彼女は「私のおしゃべり」にバイバイを言いたかったのです。ジーナがちょうど1歳のときでした。

Chapter 2

Nouns

名詞・代名詞・疑問詞

●ものや人の名前を最初に覚える

子供の発する“ba ba”“da da da”といった意味のない音は，やがて意味のある「言葉」になります。赤ちゃんの初期の言葉は，どこの国でも似ていると思いますが，まわりにいる家族や好きなものの「名前」です。

アメリカの子供の場合は，

“Mama”

“Dada”（“Papa”）

です。私の娘もそうでしたが，厳密に言うとその音は“Mampa”，“Bapa”と私には聞こえました。

私の両親は，私が“Mama”，“Dada”などを言えるようになったのとほぼ同時期に，

“boo－kaa”

という言葉を発したと言って，いまでもよく私をからかいます。

両親は，私が何を言っているのかわかりませんでしたが，何かを欲しがっているようすなので，食べ物やおもちゃや，そのあたりにある思いつくものを持ってきたそ

うです。しかし，それでも私は満足せず，

“boo－kaa，boo－kaa”

と怒って叫び続けました。

両親が本を持ってきたら，私がニコニコしだしたので，私の欲しがっていたものが「本」（book）だったのだとわかったとのこと。

“book”という言葉が小さい子供のボキャブラリーに入るのは，非常にめずらしいケースですが，私は幼いころから本が大好きだったのです。その私がいまこうして本を書いているのは，なんだかとてもうれしいです。

当然のことながら，赤ちゃんは単語1個から言葉を話し始めます。それも動きのある言葉は理解はできても話しだすのは遅いですから，はじめて話す言葉はものの名前や人の名前がほとんどです。

そしてその名前は，子供のまわりにいる重要な人や興味のあるものに関係があります。

娘ジーナの初期の言葉は，“Mama”“Papa”（これはじょじょに私の発音をまねて，正しく言えるようになったのですが）の他は，

“CC”（家で飼っていた犬の名前）

“duck”（アヒル）

“bird”（鳥）

“moo”（cow）（牛のこと，鳴き声をまねたもの）

“wan wan”（dog）（これは日本語）

“deer”（鹿）

といった動物の名前でした。

もちろん彼女は，これらの動物を絵本でしか見たことがありませんでした。彼女の初期の言葉の多くは絵本で覚えたものでしたが，彼女にとってそれはとても興味のあるものだったのです。

犬をふくめて家族の名前も，赤ちゃんの初期の言葉に入ります。１歳のとき，ジーナは自分の名前を言うことを覚えました。

でも正しく発音することはできず“Jidah”（ジーダ）と言っていました。また彼女はおばあちゃんのことを，

“Grammie”（grandmother）

おじいちゃんのことを，

“Grampa”（grandfather）

と言おうと努力していましたが，うまく発音することができず，

“Gummy”

“Gumpa”

と言っていました。

母（彼女にとってはおばあちゃん）はこう呼ばれるのをちょっといやがっていました。というのも“gummy”という言葉には２つのイメージがあり，どちらもあまり良い意味ではなかったからです。

ひとつは“sticky”，つまり「ねばっこい」（風船ガムを想像してみてください）。もうひとつは“toothless”，つまり「歯がない」という意味！（歯のまわりの皮膚を

“gums” と言う）だったからです。

母には，ジーナから “Gummy” と呼ばれるたびに，「ネバネバさん」あるいは「歯なしさん」と言われたように思えたのでしょう。

●1歳の姪（めい）ジェイミーの語彙

アメリカにいる私の妹には，1歳になる女の赤ちゃんジェイミーがいますが，彼女は飼っている犬のことを，

“woof woof”

あるいは，

“da”

と言うそうです。ジェイミーにとっては，犬は家族同様に重要な存在なのでしょう。

ところで “woof woof” は犬の鳴き声だとすぐにわかりますが，“da” が “dog” のなまったものかどうかはさだかではありません。

なぜなら，ジーナも赤ちゃんのとき，鳥を見て “ba” と言っていましたが，“bird” の発音に似ているので喜んでいると，次に犬を見ても “ba”，ネコを見ても “ba” と言っていたので，すぐに私の早合点だとわかりました。

さて，ジェイミーはいま8つの言葉を使うことができます。8か月で “Mama”，“Dada”，“ball”，“spoon”，“bye－bye” の5つが言えるようになりました。

9か月で，なぜか動詞なのですが “read”（読む）を覚えました。そして10か月で “bee”（ハチ），“bottle”

（ビン）が加わります。もちろん発音はまだ少しあやふやです。

そして，口に出しては言えないけれど，理解している言葉は40個ほどあるそうです。これらの多くは絵本で覚えたものですが，なかには形容詞もふくまれています。

ちなみに月別にご紹介しましょう。

8か月　light，duck，Grammie，Grampa，dog，cat，tree，Ernie，Big Bird，pretty，

9か月　eyes，toes，hair，shoe，bird，bear，panda，monkey，camel，elephant，pig，donkey，rabbit，nose，

10か月　shirt，socks，big，little，head，foot，ear，door，window，leg，teeth，book，bellybutton，

なぜ，彼女がこれらの語を理解しているかどうかがわかるかというと，たとえば妹が絵本を見せながら，

"Where is the monkey?"

と聞くと，ジェイミーはちゃんと猿の絵を指さすことができるからです。また最近では，

"Where is the zebra?"

"Where is Cookie Monster?"

と聞いても正しい絵を指すことができると言っていましたから，日々理解できる単語も増えているのでしょう。

この例でもわかるように，子供が英語を覚える過程ではいつでも，話せる言葉の数に比べると理解している言葉の数はとても多いと言うことができます。

●子供にもうまく発音できない音がある！

赤ちゃんの初期の言葉には，食べ物に関係したものが多くふくまれています。赤ちゃんがお腹を空かせたときおねだりするのは，ミルク（milk）か，ミルクの入ったビン（bottle）か，お母さんの「おっぱい」です。

子供の「ミルク」をあらわす言葉は，ふだんどのような方法でお母さんがミルクをあげているか，またそれをお母さんがどういう言葉であらわすかでちがいます。

たとえば，お母さんが，

"Do you want milk?"

と話しかけている家庭では，子供は "milk" という音を一生懸命まねして，ミルクを手に入れようとします。うまく発音できなくて，

"mi－mi" "mi－ki"

などと言うかもしれませんが，"milk" に似た発音をしようとします。

"Do you want your bottle?"

とお母さんが聞く家庭では，子供は "bottle" という音をまねて，

"bo－bo" "ba－ba" "bo－ta"

などと言うでしょう。ちなみにうちの姪は "bottle"

のことを“ba－ba”と言います。

うちの娘は母乳で育てましたが，彼女が赤ちゃんのときに日本にいたこともあって，私はミルクのことを，

“pai－pai”

と教えました。このほうが英語の“milk”や“bottle”より可愛らしい感じがしたからです。それに“milk”より子供が発音しやすいだろうとも思いました。

だからジーナもミルクを欲しがるときは，

“pai－pai，pai－pai”

と言いました。そのころアメリカのおばあちゃんの家に遊びにいきましたが，彼女が“pai－pai”と言っても，アメリカ人が理解してくれないので，不思議そうな顔をしていました。

私はジーナをほとんど英語で育てていましたが，彼女には自分の言葉のなかに英語でない言葉が混ざっていることがわからなかったのです！

他にも食べ物に関する言葉は早い時期に出ましたが，それらは彼女の大好きなものでした。

“apul”（apple juice）（リンゴジュースのこと）

“fu”（tofu）（豆腐のこと，日本語）

“cheese”（チーズ）

などはとても早かったです。

“mi－mi”“ba－ba”“fu”などの例でもわかるように，子供には最初のうちうまく発音できない音があります。姪のジェイミーは，スプーン（spoon）のことを“poon”

と発音します。

英語にはこのように“sp”などと子音が続く単語がたくさんあります。“milk”の“lk”，“bottle”の“tl”も子音が続いています。

日本語にはこのような語がないので，日本人のなかには“supoon”“miluku”“botolu”などと，日本語に似せて母音を入れて発音してしまう人もいると思います。

ある日本人の友人が“wind”（風）を“windo”と発音するので，私にはどうしても“window”（窓）と言っているように聞こえてしまい，話が全然かみあわなくて困ったことがありました。

しかし発音に関しては，アメリカ人の小さな子供にとってもむずかしい部分があるのです。

私の5歳年下の妹が小さいとき，“spoon”のことを“poon”“poon”と言っていたのを，いまでもよく覚えています。

そして，そのころお向かいに友だちが住んでいたのですが，彼女の妹はスプーンのことを“boon”と言っていました。私はその子のお母さんに「うちの妹の発音のほうが正しいのに似ているから，妹のほうがかしこいわね」と言ったのを覚えています。

いま考えると，お向かいの家のお母さんに私が嫌われていたのは，このことが原因ではないかと思います。

●ジーナがはじめて口にしたセンテンス

さて，10から50くらいの単語を使える小さい子供は，実際にどんなおしゃべりをするのでしょうか。先ほど述べたように，一般に子供の最初の言葉はものの名前や人の名前などの「名詞」がおもで，まだ動詞を使うことはほとんどありません。

だから最初のうち，子供はボディランゲージと声の調子を組み合わせて意味を他人に伝えようとします。

たとえば，飛んでいる鳥を指さして，

"bird! bird!"

と言えば，それは，

"Look at the bird, Mommy!"

（ママ見て，鳥だよ！）

の意味ですし，

"birdy, bye－bye!"

と言ったらそれは，

"The bird is flying away!"

（鳥が飛んでいっちゃった！）

ということを言いたいのだと思います。

もし赤ちゃんが"bird! bird!"と欲しがるような声で棚の上の鳥のおもちゃを指さして言ったならば，お母さんは赤ちゃんが鳥のおもちゃを欲しがっている，あるいはそれを取ってくれと言っているのだと理解することができるのです。

さてこのようなとき，母親はどのように答えて子供の言葉を補ってあげるのでしょうか。
先の例で説明しましょう。
たとえば，子供が空を飛んでいる鳥を指さし，
"bird! bird!"
と言ったとしましょうか。すると母親は，
"Yes, look at the bird! He's up in the sky!"
あるいは，
"Yes, look at the bird! He's flying!"
と言うことができます。
このように，子供の言葉を「センテンス」として親が補強してやることによって，子供は正しい文法と正しい発音に触れ，次第に同じように話せるようになります。
「外国語を覚えるには，その国出身の恋人を持つのが一番早い」とよく言われますが，言葉で補ってもらっているうちに正しい言い方を覚えていくのは，親と子の会話でも似ているところがあると思います。
こういったことを繰り返していると，
"Look at......!"
とお母さんが言えば，子供はそれに反応し何かを見ようとするでしょうし，"flying" の意味を "bird" という言葉と関連づけて，ぼんやりとわかるようになります。
そして，いつか子供は自分で「センテンス」を組み立てることができるようになるのです。
たとえばジーナがはじめて２つの語を組み立てて話すことができたのは，

Yes, look at the bird! He's up in the sky!
bird bird!

"up bird"

でした。彼女は，主人が彼女を喜ばせようと天井から吊るしたカモメのおもちゃを指さして，そう言ったのです。

私はうれしくて，ニコニコ笑いながら，

"Yes, Gina, the bird is up there!"

と言いました。

それから数か月後，彼女は空を飛んでいた鳥を指さして，

"Birdy, fly fly!"

と言いました。これがジーナがはじめて口にした主語と動詞の「センテンス」でした。

●絵本を使っての会話

子供は絵本が好きで，お母さんのことも大好きです。だから，お母さんといっしょに絵本を見るのは楽しいので，絵本のなかでたくさんの言葉を覚えます。

お母さんは子供といっしょに絵本を見て，絵を指さしながら言葉で説明します。たとえば，

"Look at the kitty!
The kitty is sleeping."

と言って，眠っている猫の絵を指さします。

このとき子供は"kitty"が猫のことであるのを知っていますし，あらたに"sleeping"という言葉に触れます。絵本のなかの猫が眠っているので「そのことかな」と子

供なりに理解します。次に，

"Look at the horsey.

The horsey is running!"

とお母さんが言います。

絵本のなかでは馬が走っているので，"running" の意味もわかります。

馬（horse）を "horsey" と最後に "-y" をつけるのは，たとえば "Mom"（ママ）を "Mommy"，"Sam"（サム＝名前）を "Sammy" と呼ぶようなもので，「可愛らしい」とか「大好きな」という意味が込められていて，人間以外にもこのように使われます。

次に，お母さんは質問をします。

"Where is the kitty?"

と聞くと，子供は猫を指さし，

"Where is the horsey?"

と聞くと，ちゃんと馬を指さすことができます。もちろん "Where is......?"（どこ？）の意味を完全に理解するのはもっと後ですから，子供は "kitty" という言葉に素直に反応しているだけかもしれません。

●親ははじめから代名詞は使わない

お母さんが子供に言葉を教える初期には，代名詞をなるべく使わないようにします。たとえば，自分のことを言うのに，"I"（私は……）という言い方はなるべくしないようにして，"Mommy"，"Mama"（ママは……）

を使うのです。

生後10か月ごろの赤ちゃんの大好きな遊びのひとつに，“Peek－a－boo”（いないいないばあ）があります。お母さんは家具のかげにかくれたり，顔を手でかくしたりして，

“Where's Mommy?”

と赤ちゃんに聞きます。そして赤ちゃんが不安になったりする前に，お母さんは笑いながら出てきて，

“Here's Mommy!”

と言います。赤ちゃんはこのゲームが大好きで，ときにはケラケラ笑って大喜びで手を差し延べます。

次の言葉の発達段階で，お母さんは子供がこのゲームを楽しんでいるときに，少し言葉を変えてみます。

“Here's Mommy!”

ではなくて，

“Here I am!”

と言ってみるのです。そして，絵本を見ているときには，

“Here's kitty!”

と言っていたのを，

“Here he is!”

といった言い方に変えます。子供はこのような遊びのなかで，お母さんや子猫ちゃんに“I”や“he”などの「別の呼び方」があることを知ります。

英語では，動物を人間と同じように“he”（彼），“she”

（彼女）などと性別で呼び，“it”を使うことはあまりしません。アメリカ人は，生き物は人間と同じように扱うべきだと思う傾向がありますから，このような言い方はとてもしっくりときます。

アメリカの母親は，子供がまくらを投げたり，ソファをたたいたりすることは許しても，犬をぶったり，猫のしっぽを引っ張ったりすることは許しません。

当然ペットのいる家庭では，お母さんの労力の多くは赤ちゃんがペットを抱きしめたり，ぶったりするのからペットを守るのに費やされます。私はジーナがうちの猫の顔をなめているのを何度も見ましたが，ジーナにばい菌がうつることより，猫が窒息することのほうが心配なくらいでした。

またジーナは，まるでおもちゃを扱うかのように，猫の首をつかんで持ち上げようともしましたが，私は猫が首吊りの刑にあうのではないかと心配になりました。幸運にもうちの猫はとてもおとなしく，一度もジーナをひっかいたり，かんだりはしませんでした。

ペットの多くは家族のなかでも特に赤ちゃんには忠実で，そして赤ちゃんにとってペットは，兄弟のような存在です。

子供が言葉を少し話し始めると，じょじょに母親は人や動物に対して，

“he”“she”“they”（彼，彼女，彼ら）

を使うようになり，ものに対しては，

"it" "this"（それ，これ）

を使うようになります。

子供が，

"Where's the ball?"（ボールはどこ？）

と自分から聞けるくらいに言葉が話せるようになれば，それまで，

"Here's the ball!"

と子供がわかりやすいように「ボール」という言葉をつけて答えていたのを，

"Here it is!"

という普通の会話の答え方に変えます。

このようにして子供は代名詞を覚えていきます。

●「○○はどこ？」「これ何だ？」の遊び

お風呂のときには，子供は足，おへそなどの体の部位の名前を覚えます。これもお母さんとの会話のなかで言葉を覚える例です。

お母さんが，

"Where are your ears?"

と聞くと，子供は耳をさわります。そして，

"Wash your ears!"

と言うと耳をゴシゴシ洗います。

わからないときには耳をさわって，"ears" と言ってあげると子供はわかりますし，"wash" がわからないときには，"wash" と言いながら洗うまねをして見せます。

"Where is your bellybutton?"

と言って子供がちゃんと「おへそ」を指さすことができたら，お母さんは，

"There it is!

Wash your bellybutton."

と言って子供におへそを洗うことを教えます。

また散歩に行くときは，お母さんは子供にまわりの世界のことについて話しかけます。

そこにはいい香りのするお花があり，花は色とりどりでとってもきれいです。そして鳥は楽しそうにさえずっています。

ここで，お母さんは，

"The birdy says, 'tweet, tweet'."

（鳥が「トウィート，トウィート」って鳴いてる）

と言うかもしれません。またおしゃべりしたり，あいさつする近所の人々やそのペットもいます。

"Hi, kitty!"

"Bye－bye, puppy!"

とお母さんが言うと，子供もまねして繰り返します。

近所の公園には子供の好きなブランコや砂場があり，ここでも子供は新しい言葉を覚えます。"swing"（ブランコ），"slide"（すべり台），"shovel"（シャベル），"sand"（砂）などです。

もう少し言葉がわかるようになると，お母さんは少しむずかしい"What's this?"の遊びを子供とします。

絵本を見たり，散歩をしながら，何かを指さして，

“What's this?”

と子供に聞くのです。

このゲームでは子供はものを指さすのではなく，言葉で答えなければいけません。つまり“kitty”，“horsey”，“ball”というように，具体的な名前が求められるわけです。しかし，言っておきますが，これはあくまでも楽しいゲームであって，決して「単語テスト」ではありません。

このようにして，子供はお母さんといっしょに言葉をたくさん覚えます。身のまわりにあるものを，あなたは英語で言えますか？

こんなところから英語を覚えるのも体験的学習のひとつの方法ですね。

●子供には英語も日本語も同じ？

どこに行っても何をしても，子供はゲームや新しい発見などを通して，どんどん新しい言葉を覚えていきます。

私は子供が言葉（英語）を覚えるのにどんなステップを踏むのか，新しい単語，新しい表現や文法的に重要なポイントをどのように理解していくのかはだいたいわかります。

しかし，もちろん個人差があることを忘れないでください。とても活発でよくしゃべる子供もいればおとなしい子供もいます。また，言葉遊びのゲームをよくするお

母さんもいれば，そうでないお母さんもいます。

性によってもちがいがあり，一般には女の子のほうが男の子より言葉を早く覚えると言われています。

日本で暮らしていたある日，私とジーナは散歩に出かけました。そのとき彼女は覚えたての新しい言葉を得意げに繰り返していました。

鳥が飛んでいるのを見るたびに，空を指さして，

“bird”

と叫んでいたのです。私たちが歩いていると，近所の日本人の奥さんが小さな息子さんを連れておもてに出てきました。

そのお母さんは私たちを意識したのか，鳥を指さして「とり，とり」と繰り返し，子供に言わせようとしていましたが，その子はまだ言えませんでした。

ところが，その子のかわりにジーナが突然，

“bird”

ではなくて，

“tori, tori”

と言いだしたのです。そのお母さんは息子さんと家のなかに入ってしまいました。

私たちは散歩を続けましたが，それからジーナは鳥に向かって，“bird”と“tori”の両方を使いながら歩いていました。

どうやら子供はどんな音でもまねをするようで，それが英語であろうと日本語であろうとあまり関係はないの

だなぁと，私はそのとき思ったものです。

●ホクロとモグラの共通点

日本語と英語と言えば，ジーナがまだ日本にいた2歳までのあいだには，彼女はいくつかの日本語を知っていました。

ジーナが2歳になる寸前に言った「小さなバイリンガルのジョーク」をここでご紹介しましょう。

私たちの家の近所にある女性が住んでいました。彼女はジーナをとてもかわいがってくれて，ジーナもその女性のことを「ママさん」と言って慕っていました。「ママさん」には鼻の横に大きなホクロがあり，ジーナがそれを不思議な顔をして見ていると，「ママさん」は，

「これはホクロよ」

と教えてくれました。私はもちろん英語で，

“It's a mole.”

と説明しました。

ジーナはそのころ日本語の絵本を持っていました。それには子供の好きないろんな動物やおもちゃの絵が載っていて，ひらがなでその名前が書いてありました。

私とジーナは夫に読み方を教えてもらいながら日本語を勉強し，私は同時にジーナに英語で説明しました。

「すべりだい」“slide”，「ぶらんこ」“swing”，「しゃぼんだま」“bubbles”，「ちょうちょう」“butterfly”などが載っていました。そのなかに「もぐら」があり，私は

ジーナに“mole”と教えました。

そんなある日，私とジーナは「ママさん」とは別のある女性を訪ねました。その女性にも眉の上にホクロがあり，彼女がジーナをだっこしたとき，ジーナは彼女のホクロにさわって，

「ホクロ」

と日本語で言いました。そしてしばらく考えていたようすでしたが，突然私のほうを向いてニヤッと笑って，

「もぐら」

と言ったのです。私は彼女のジョークに大爆笑しました。ジーナは頭のなかで，

“hokuro......mole......mole......mole......mogura!”

と考えたのですが，その女性には何が起こったのかわからなかったらしくキョトンとしていました。私はこのとき「2歳に満たない子供がこんなことを考えられるなんて！」と，とても驚いたものです。

●“What's that?”は「魔法のカギ」

子供が自分で質問することを覚えたとき（1歳から2歳のあいだ），子供は世界の神秘へと続くドアの「魔法のカギ」を見つけます。

“What's that?”

（あれは何？）

と聞けば，それが何であるかをまわりの人が説明してくれることを覚えるのです。

しかし，はじめのうちはうまく発音ができず，大人には“Wha' tha'?”と聞こえるかもしれません。傷の入ったレコードをかけているみたいなものです。

ブルドーザーを指さしては“Wha' tha'?”，見たことのない虫を見ては“Wha' tha'?”です。

この言葉を覚えたはじめのうちは，新しいものを見つけると必ず聞きます。子供がこの質問ができるほどに成長すれば好奇心も強くなり，「答え」を得ようとどんどん聞いてきます。

そしてこれを繰り返すことによって，「ものの名前」を大量に覚えてしまうという仕組みになっているわけです。

“that”という語は一般に英語では使う頻度の高い語ですが，子供も“Wha' tha'?”というフレーズのなかで初期に使い始めます。

しかし，これを子供はひとつのフレーズとして覚えるので，“that”がその文のなかに入っていることはおそらく知らないでしょう。

子供は2歳ごろになるまでは，“this”と“that”の区別はあまりよくできませんから，使い方でときおりまちがいを犯します。

おそらく“that”を先に覚えた子供は「これ」も「あれ」も“that”で言うでしょうし，“this”を先に覚えた子供はなんでも“this”を使って言うでしょう。

だから，“Wha' tha'?”を使い始めた子供は，手に届く位置にあるものを指して“Wha' tha'?”と言います。文法的にはもちろん“this”が正しいのですが……。また逆に，“this”を最初に覚えた子供は遠くにあるものでも“this”と言ってしまいます。

はじめのうちは，実際に意思が伝わることが重要ですから，ひとつの語やフレーズで意味が通じることを知ると，子供はしばらくはその語ばかり使います。しかし，子供は毎日新しい言葉を覚えるものです。

だから，まわりの人間が“this”や“that”を正しく使っていれば，じょじょに子供はまちがいを正していくもので，それは他の単語に関してもそうです。

私は子供の言葉の使い方や発音のまちがいを親がその場で正すのはよくないと思っています。

「それはまちがい」と子供に言ってしまっては子供の自尊心を傷つけますし，好奇心をそいでしまいます。「好奇心」と「自信」が子供の言語習得にもっとも大切だと私は考えています。これは英語を勉強している外国人にとっても同じではないでしょうか。

好奇心と自信を持って，ネイティブとたくさん話をし，正しい発音や使い方を聞いていれば，自然と英語力は上達するものです。

●子供が“it”を使いだすとき

“it”（それ）も比較的早く出る言葉です。たとえば，

“Want it!”（それ欲しい）

というフレーズで言うことができます。おそらく年上の子供が“I want it!”と言うのを聞いて，まねをして覚えるか，親が“Do you want it?”と言うので覚えるのかもしれません。

そして子供は「何かを指さして“Want it!”と言えば手に入れられる」と知った日から，実際に使えるようになります。

しかし，これにも個人差があって，

“Want juice!”

“Want book!”

と具体的に“want”にものの名前をくっつけて何かを手に入れる子供もいます。また，

“Want it! Juice!”

“Want it! Book!”

と言う子供もいます。

ところで，“it”がある状況で使われると，子供にとってとてもなじみのある言葉になることを，日本のみなさんはご存じでしょうか？

子供に，

“I'm it!”

と言うと，子供はあなたのもとから走って逃げることでしょう。

なぜならこの“it”は，オニごっこ“tag”の「オニ」という意味だからです。この反対に，

“You are it!”

と言うと，子供はあなたを追いかけるでしょう。日本人にとっては不思議かもしれませんが，このように誰かが“it”（オニ）だと「宣言」することで，アメリカのオニごっこは始まります。

「それは～だ」と言うときの“It's......”は，自分の考えや意見を表現するときに使うので，その能力が身につくまでは使えません。

なお考えや意見のあらわし方は，Chapter 7 Feelingsのところで詳しくご説明します。

●子供が「私」と言うときは

子供が代名詞を覚える過程は必ずしもスムーズではありません。子供はまわりの人の言葉をまねて言葉を覚えますから，どうしてもまちがいを起こしやすいのです。

お母さんが「私」と言っても，子供にとっては「お母さん」であり，「私」と言われてもはじめは何だかピンとこないかもしれません。

ジーナが1歳8か月のとき，「こどもの国」の動物園に連れていった際の話です。彼女は，私が止める間もなくウサギのそばに走り寄り，強く抱きしめました。

そのときはじめて，ウサギというのは私たちが思っていたほどおとなしい動物ではないことに気がついたのですが，突然ジーナの親指にかみついたのです。

ジーナは大声をあげ，彼女の指から血が出ているのを見て私も叫びました。

"The rabbit bit you!"

(ウサギさんがかんだのね！)

すると絆創膏(ばんそうこう)を貼ってもらっているあいだ，ジーナは目に涙をいっぱいためながら，

"Rabbit bit you. Rabbit bit you."

と何度も繰り返したのです。

ジーナは私が "The rabbit bit you!" と言ったので，まねをして繰り返したのです。私はおかしくて吹き出しそうになりましたが，涙をこらえているジーナを見ると笑うに笑えませんでした。彼女はまだ，

"Rabbit bit me."

とは言えませんでした。これから間もなくして正しく使えるようになりましたが，おもしろいので私はいまでもときどきこの話をしてジーナをからかいます。

傷を消毒してもらうために，彼女を病院に連れていきましたが，そのときジーナは絆創膏を貼った指を先生に見せて，日本語で，

「ウサギさん，かんだ」

と言いました。彼女は日本語と英語の両方で何が起こったのかを説明することができたのです。

さて，「私」と言うときの代名詞には，"I" "me" がありますが，"I" と "me" を比べると，子供は "me" を言うことを早く覚えます。たとえば，

"I want to go, too!"

(私も行きたい！)

Rabbit bit you.
Rabbit bit you.

と子供が言いたいとすると，小さい子供は自分の名前を使って表現します。ジーナの場合は，

"Jidah go too!"

でした。

この自分の名前を主語にした表現は小さい子供がよく使うものです。セサミ・ストリートに出てくるキャラクターの"Elmo"（エルモ）も，

"Elmo like this."

などと言います。

そして数か月後に，ジーナは，

"Me go too!"

と言えるようになりました。そしてもう少したつと，子供は"I want......"という言い方を覚えます。

そして，

"I want go, too!"

と言いだします。でもまだ正しくはありませんね。

しかし3歳になるころには，

"I want to go, too!"

と言えるようになります。

●"my"や"mine"は覚えが早い

子供にとって，「あるもの」が誰のものかをハッキリさせることはとても重要ですから，所有をあらわす代名詞"my"（私の），"your"（あなたの）はよく子供の会話に出てきます。

しかし，実はこれらの所有代名詞を覚える前に，子供は名前に“'s”をつけて所有をあらわすことを覚えるのです。たとえば“Gina's”とか“Mommy's”“Daddy's”といった表現です。

母親は子供に他人の持ち物を尊重し，きちんと区別するように教えるので，子供も聞く機会が多く，覚えも早いのでしょう。

たとえば，父親の本にイタズラをしようとしていたら，

“No, you mustn't touch that book.
It's your Daddy's.”

とお母さんに叱られます。

“my”“mine”“your”“yours”“our”“ours”などのなかで早く覚える言葉は，やはり“my”（私の），“mine”（私のもの）です。このうちどちらが早いかといえば，“mine”でしょう。この語ひとつで自分のものだと表現できるからです。

お父さんの仕事の関係でアメリカに移住してきたある日本人家族の話ですが，小学生の娘さんがアメリカの学校に行ってはじめて覚えてきた英語は，

“It's mine!”

だったそうです。

しかしこれにもおそらく個人差があるでしょうから，

“my ball”

“my book”

というふうに具体的なものをつけて「自分の所有物」

だと早くから表現できる子もいるでしょう。

たしかなことは“your”“yours”より“my”“mine”のほうが覚えが早いということです。それは，子供というのはとても自己中心的だからです（悪い意味ではなく）。

子供は自分が世界の中心だと思っていて，自分の領域や持ち物が他人におかされないように見張りをしなければならないからです。ある日ジーナが，

“My eyes brown, Mommy's eyes blue.”

と言ったことがありますが，そのときにはまだ“your eyes”とは言えませんでしたし，“are”という動詞も抜けていました。3歳ごろにはちゃんと使えるようになると思います。

●“someone”って誰だろう？

人をあらわす言葉でも，あいまいな“someone”“anyone”（誰か）は6歳までには理解し使えるようになりますが，小さい子供には使えません。

“someone”と言われても，具体的に誰だかさっぱりわからないからです。

しかしたとえば，5～6歳にもなると，

“Someone's balloon broke.”

（誰かの風船がわれた）

“I don't know anyone's name at the new school yet.”

（まだ新しい学校では誰の名前も知らない）

などと言うことができます。

ここで子供がよくまちがえるのは,

"I don't know no one's name yet."

と言ってしまう例です。これは日本人もよくまちがえるそうですが,アメリカの子供も同じです。また,アメリカにはこういう言い方をする大人もたくさんいます。

同じように,"something" "anything"(何か) "somewhere"(どこか)などを使うときも子供はよくまちがいを犯します。特に否定の形で何かを言おうとするときにまちがえます。小さい子供はたとえば,

"I don't want nothing to eat."

"I don't see no one in the park."

と言ったりします。また,

"I don't want to go nowhere.
I just want to stay home."

なども文法的にはおかしいのですが,子供はよく使います。もちろん上の例では,"anything","anyone","anywhere"が正しいのです。

このようなまちがいをどれくらい早く直すことができるかは,まわりの大人がどんな言葉を使っているかによるところが大きいと思います。

なぜなら,これらの言葉は、教育をあまり受けてない大人や外国から移り住んで来た人たちも使っていて,アメリカでは現在いたるところで聞かれるからです。ロンドンっ子もこのような言い方をよくすると聞いていま

す。もしまわりの大人がこのような言葉づかいをしていれば，子供もそうなるでしょう。

だからそのような子供は，小学校の3～4年生ぐらいになって，学校で正しい言い方を習うまではこう言い続けるかもしれません。

もちろん，子供によっては学校で正しい言い方を教えられても，親の話し方にならってまちがいを正さない子もいます。それくらい親の言葉は子供にとっての言葉の見本であり，学校の教科書や先生より影響が強いと言えます。

また，アメリカは大きな国ですから，地方によってはまちがった文法で話すのが普通のこともあります。これはもう「方言」ですから，大人も子供もそのように話すのです。

私の生まれ育ったアメリカのニューイングランド地方では，“am not”，“isn't”，“aren't” などを “ain't” と言う人々もいます（特に田舎には多いです)。だから，

“He ain't done nothin' to hurt nobody.”

このような言葉が聞かれるかもしれませんが，正しくは，

“He hasn't done anything to hurt anyone.”

ということになります。また，

“I ain't goin' nowhere nohow.”

は正しく言うと，

“I'm not going anywhere anyway.”

となります。例をあげるときりがありませんのでこのくらいにしますが，普通の家庭では小学校に入るまでに子供は正しい用法を覚えると言えるでしょう。

●子供は疑問詞を上手に他の言葉に置き換える

先に，子供が“where”（どこ），“what”（何）などをどう覚えていくかを述べましたが（44〜46ページ），似たような疑問の言葉でも“when”（いつ），“how”（どうやって，どんな），“why”（なぜ）などを理解し使えるようになるのは少し遅いようです。

なぜなら，これらは目に見えにくいからです。“when”などは時間感覚を身につけていない子供にとっては少々むずかしいと言えるでしょう。

しかしたとえば，“when”は子供の時間感覚が完全でなくても，

“When will Daddy come home?”

（パパはいつ帰ってくるの？）

などのかたちで使うことができます。このとき子供が3〜4歳なら，母親の答えが，

“soon”（もうすぐ）

“after supper”（夕食のあとで）

などでも，子供は満足します。何時か具体的に言っても子供には感じがつかめないでしょう。

“how”の使い方はいろいろで，

“How do you feel?”（調子はどう？）

というような簡単な質問から，ものの構造などをたずねるむずかしい質問までつくることができますから，用法としてはかなりはばが広いです。

ですからこのなかでは子供にとって一番むずかしく，小学校に入るまでは“how”の意味を子供は正確に理解できず，正しく使うこともできないでしょう。しかし親が聞く「“how”を使った簡単な質問」は，３～４歳の子供でも理解することができます。たとえば，

“How's the weather?”

（お天気はどう？）

“How are you feeling?”

（気分はどう？）

“How do you turn on the TV?”

（どうやってテレビをつけるの？）

などです。そしてこれらの質問に答えることもできます。しかし，“how”を使って自分から質問しだすのはかなりあとになってからです。

そのかわりに子供はもっと明確な質問をします。たとえば，

“Is it raining?”

（雨降ってるの？）

“Are you sick？”

（具合悪いの？）

“Turn on the TV for me!”

（テレビつけてよ！）

というふうに言うのです。

そして4～5歳にもなれば，“how”を使った質問もできるようになります。

“why”は小さい子供がよく使う質問の言葉です。日本の子供が「なぜ？，どうして？」を連発して親を困らせると聞きましたが，英語でも同じです。

“why?”と聞かれても，子供の少ないボキャブラリーで説明してあげることはむずかしいので，親にとっては恐怖以外のなにものでもありません。

3歳の子供の，

“Why it is raining?”

（なぜ雨が降っているの？）

“Why the sky is blue?”

（なぜ空は青いの？）

“Why we have to go home now?”

（なぜいますぐお家に帰らなくちゃいけないの？）

といった質問にうまく答えてみてください。

“why”という言葉は，2～3歳の子供が親を困らせるために発明した言葉なのではないかと，私は思います。

【コラム① courtship story】

●夫はやっぱり日本人，RとLの発音がおかしい！

多くの日本人は英語の発音で大変苦労するといいます。特に“r”と“l”の発音がごちゃごちゃになるらしいですが，これについては私にも思い当たることがあります。

ちょっと長くなりますが，私と主人の出会いのストーリーがとてもおもしろいので，ご紹介したいと思います。

私が赤坂（あかさか）のベルリッツで英語を教えていたころ，よく休憩時間に近所のコーヒーショップに行っていました。ある日，私がそこでコーヒーを飲みながら友だちに手紙を書いていたときのことです。

私は書きながらときどき次に書くことを考え，空を見つめたりしていました。すると突然私の斜め向かいの席に座っていた背の高い痩（や）せた男性が話しかけてきました。

“Excuse me, do you teach English?”

（すみません，あなたは英語を教えていますか？）

“Yes......”〔私，びっくりしている〕

（はい……）

“Well, you see, I work for NCR.（アメリカ企業名）

You know NCR, don't you?”

（えっと，私はNCRで働いています。知ってるでしょう？）

“Er, no, I don't......”〔まだ何のことだかさっぱり〕

（……知りません……）

"You're American, aren't you? You must know NCR. It's an American company."

(あなたアメリカ人でしょう？　NCRは知ってるはずだよ。アメリカの企業なんだから)

まだびっくりしている私に，彼は次にこう言いました。

"Never mind! Anyway, I work for an American company, so sometimes it is necessary for me to BLUSH UP (brush up) my English."

(まあいいや，とにかく私はアメリカ企業で働いているので，ときどき英語力に磨きをかける（？）必要があるんだ)

この話がいったい私にどういう関係があるのだろうかと，私は考えてしまいました。"r" と "l" の発音のまちがい以外，彼の英語には問題がなかったので，彼がどうして英語の勉強をしたがるのかよくわかりませんでした。

ちなみにこの "blush" は，はずかしくて顔を赤らめるという意味です。そして，やっと彼は本題に入りました。

"I wonder if you could give me private English lessons?"

(英語の個人レッスンを引き受けてくれるとありがたいんだけど)

必要ないんじゃないかなぁ，ボロボロのTシャツにジーパン姿のこの人が高いレッスン代を払えるのかしら……などと思いながら，まあお小遣い稼ぎにはなるかと引き受けることにしました。

これがきっかけとなって私たちはつきあうようになり，ついには結婚に至ったのですが，はじめに彼が発音しそこなった“r”の音を私はいまでもよく覚えています。

私が思うに，英語の発音の苦手な日本人は，どうやら“r”のかわりに“l”の発音をしてしまうことが多いようです。しかし，当然ネイティブと話しているうちにそれは改善されます。ところが次におもしろいことが起こります。“r”の発音をマスターすると，“l”のときにも“r”の発音をしてしまうのです。

たとえば彼は，レストランの“Red Lobster”のことを“Red Robster”と発音するので，彼がこう言うたびにジーナと私とでゲラゲラ笑います。

また，“r”と“l”を聞き取るときにも問題があるようです。最近こんなことがありました。彼が車を運転して私の友だちの家に向かっていたときです。私は彼に道を教えながら，

“Turn at your next RIGHT.”

（次を右に曲がって）

と言いました。すると彼はその角を通り過ぎてしまったのです。私が「あっ，いまのところだったのに」と言うと，

“I thought you said ‘turn at the next LIGHT’.”

（次の信号を曲がるのかと思った）

と言ったのです。

日本人はこの発音で大変悩んでいるようですが，このように笑って済む程度の問題であることも多いのです。

Chapter 3

Verbs

動詞

●ジーナのはじめての動きのある言葉

子供が動きのある言葉，つまり「動詞」をいつごろ使い始めるのか，どんな言葉から話し始めるかを一般的に言うのはとてもむずかしいことです。

子供の言葉は，何度も述べてきたように，まわりの大人がどんな言葉を使って話しているかによってさまざまな発展のしかたをするもので，特に初期の言葉は家庭内でどんな会話が交わされているかでちがいが出ます。

娘のジーナが小さいときにつけていた私の日記を見てみますと，ジーナがはじめて使った動詞は，

“Up.”

でした。

「“up”は前置詞で，動詞じゃないんじゃないの？」

と疑問に思う人がいるかもしれませんから，ちょっとご説明しましょう。そのとき彼女は，

“Pick me up.”（だっこして）

という意味で“up”を使ったのです。生後10か月のとき，ジーナが“up”と言いながら両手を私のほうに差し

延べたと日記にはあります。ジーナはだっこされるのが好きだったので，“up” は彼女のお気に入りの言葉でした。

アメリカ人のお母さんは，子供に動物の鳴き声をこんなふうに教えます。

“The cow says, ‘moo’.”

“The dog says, ‘woof woof’.”

“The horse says, ‘neigh’.”

“The pig says, ‘oink oink’.”

“The duck says, ‘quack quack’.”

“The cat says, ‘meow’.”

“The snake says, ‘hiss’.”

“The bird says, ‘tweet tweet’.”

そして次にクイズで子供と遊びます。たとえば，

“What does the dog say?”

（犬は何て鳴くの？）

と子供に聞いてみます。すると，子供は喜んで，

“Woof woof.”

と答えます。これはとても楽しいゲームです。ジーナがこれらの質問にすべてちゃんと答えられるようになったある日，私はジーナをからかってやろうと思ってこう聞きました。

“What does Gina say?”

（ジーナは何て「鳴く」？）

すると彼女は少し考えてから，勝ち誇ったように笑み

を浮かべて，

“Up up!”（だっこ，だっこ）

と答えました。私たちはおかしくてゲラゲラ笑いころげました。私は実際のところジーナが何と答えるか想像がつかなかったのですが，彼女は小さい子供ながらユーモアのセンスを持っていたのです。

上の質問で私は，“say”（言う，鳴く）という動詞を使いましたから，ジーナは“say”の意味を，自分が使い始める前に理解していました。はじめて使いだしたのも，この私の言葉をまねた，

“Dog say woof woof.”

“Bird say tweet tweet.”

“Gina say up.”

といった文のなかでだったと思います。正しくは“Dog says...”，“Bird says...”なのですが，子供が動詞を使い始めるころは“-s”をつけないようです。これをちゃんと言えるようになったのは，ジーナが2歳のときだったと記憶しています。

動詞の人称変化を彼女が完全にマスターするのにどれくらいかかったかはよく覚えていませんし，またアメリカの子供が一般的にどうなのかはわかりませんが，おそらく，2歳から4歳までには完璧に使えるようになると思います。

さて，次からは具体的に子供がどういうふうに動詞を覚えていくかを単語をあげて見ていきましょう。外国人

が本で覚えるような方式ではなく，実体験がともないますから，場面を想像しながら読んでみてください。

●"give" と "take" をどう覚えるか

子供にとっては重要な言葉で，早くから使いだす動詞に "give"（与える）があります。

これはお母さんが，

"Give me a hug."

(抱きしめて)

"Give me a kiss."

(キスをして)

と言うのを聞いて覚えます。姪のジェイミーの話ですが，妹が "Give me a kiss." と言うと，姪はほっぺをなめたり，かんだりするそうです。まだ "kiss" の本当の意味がわからないようです。

"give" という単語は子供が危ないもので遊んでいたり，何かにイタズラをしている場合にも，子供は耳にします。たとえば，ハサミで遊んでいたらお母さんは，

"Give me the scissors."

(ハサミを渡しなさい)

と言うでしょうし，お母さんのメガネを持って遊んでいたら，

"Give me my glasses."

(メガネをちょうだい)

と子供に言います。そして，お母さんが子供に何かを

あげるときにも使います。たとえば，

“I'll give you a cookie.”

（クッキーをあげるわ）

などといった使い方です。このように“give”という言葉を聞いているうちに，子供は“give”が「何かが移動することに関係がある」と気づき，何か欲しいものがあれば，

“Give me......”

と言えばいいのだと，ある日「発見」します。

１歳半のクリスマスに，ジーナはサンタクロースの人形をプレゼントされました。彼女はこのお人形が大好きで，食事のときもお風呂に入るときもいっしょ，そしていっしょにベッドに入っていました。

私の日記には彼女がどこかへ行くときに，

“Santa, take.”

と言ったことが書かれています。これは，

“I want to take ‘Santa’.”

の意味で言ったのだと思います。ジーナは“take”の意味を理解し，発音することもできたのですが，文にするまでには至っていませんでした。

ここでジーナは語順をまちがえてはいますが，１歳半の彼女が“take”という動詞の意味を理解し，使うことができたという証拠にはなります。

しかし，このような単純な語順のまちがいはすぐに直り，２歳までには正しい語順で，

"I want to take......"
と話せるようになりました。

●"be" 動詞の重要さを子供は意識しない

英語でもっとも多く使われる動詞が "be" 動詞です。これにはさまざまな形がありますが，頻度の高い動詞だけに，お母さんも子供に話しかけるときに多く使わざるを得なくなります。

"Peek－a－boo" のようなゲームでも，

"Where's Dolly?"（お人形さんはどこ？）

"Here she is!"（ほらここよ！）

というように，"be" 動詞は登場します。

しかし，子供は "be" 動詞を耳にする機会が多くても，あまりその存在は気にしません。実は子供にとってこの語自体は重要なものではないのです。これがなくても意味が通じるからです。

日本語でも言葉の最後の「です」がなくても，意味が通じるのと同じようなものです。

だから，小さい子供は，

"Where's Dolly?"

ではなく，

"Where Dolly?"

などと言いますが，言いたいことはよくわかります。

子供がどれだけ早くこのまちがいを正し，"is" を言えるようになるかは，親の教育次第ということになります。

子供のこのような一種の“baby talk”を許し，直してあげなければ，長いあいだこう言い続けるでしょう。

私の母は私立の幼稚園を経営していたのですが，ある日，言葉のしゃべれない男の子を連れたお母さんがやってきました。

彼はジェスチャーで家族と会話をすることはできますが，言葉を話しませんでした。医者に見せてもどこにも異常はないらしく，見た目も普通の男の子でした。面接をして母はその子の入園を許可しました。

その子は実は普通の子と同じだったのですが，ただお姉さんが彼のかわりに何でも話すし，両親も彼がジェスチャーを使えばすぐに意味を理解してくれるので，言葉を話して伝えなくてもよかったのだということがわかりました。

母は，彼のジェスチャーで何が言いたいのかわかりましたが，わざとわからないふりをしました。すると彼も少しずつ言葉を話すようになり，幼稚園を卒業するまでには，他の子と同じようにおしゃべりができるようになっていました。

これは極端な例ですが，英語が話せなくてももちろんジェスチャーで話すことはできますし，このような“be”動詞の抜けた言葉でも意味は通じます。しかし少し幼稚なひびきがあるのは否(いな)めません。

“Someone (is) at the door.”

“You (are) pretty.”

などの例がそうで，小さい子供や外国人がこのようなことを言うのを私は聞いたことがあります。しかし，不思議なことに日本人で“be”動詞の使い方をまちがえる人は少ないようです。これは学校でほとんど完璧に学習しているせいでしょうか？

●まちがえながら覚えるから，はやく覚えられる

“Look at the birdy!”

“Look at the big truck!”

“Look at the pretty flower!”

“Look at the funny clown!”

子供にとっては，まわりにある何もかもが目新しく魅力的です。そして大人は，子供がはじめて何かを体験することに対する喜びを子供の目のなかに見るのを楽しみます。

ですから，お母さんは“Look at”という言葉を使って子供によく話しかけますし，子供も早くから使い始めます。

東京ではあまり雪は降りませんから，1983年の冬に大きな雪が空から降ってきたときには，ジーナがはじめて雪を見たときの反応が見たくて，私はわくわくしていました。

ジーナは私の頭に雪が積もるのを見て，びっくりした顔をして，

“Shampoo?”

と聞きました。私は笑って“Snow!”と説明しましたが，私の期待に反し，彼女は新しいスノーブーツについた雪をいやそうに落としながら，

“Kuh－kuh.”

と言うばかりで，ちっともうれしそうではありませんでした。“Kuh－kuh.”は彼女が“dirty”（汚い）という意味で使う言葉です。

子供は母親が“look at”と言うのを聞いて，次第に自分でも興味のあるものを他の人に指さして見せることができるようになります。

“Look, birdy!”

しかし，これがときには鳥ではなく，飛行機であることもあります。

バンビのお話のなかにも，蝶々をはじめて見たバンビが“bird”と言うところがありますね。そして，“butterfly”が言えるようになると，きれいなお花を見ても“butterfly”と言ってしまいます。“flower”という言葉を覚えると，スカンクが花の群れのあいだから顔を出していても“flower”と言います。

このように，新しい言葉を覚えるのは子供にとって大変なことです。ときには混乱もするでしょう。

当然のことながら，これらのまちがいは大人の英語学習者にはほとんど見られません。蝶と鳥のちがいや蝶と花のちがいは，大人には簡単にわかるからです。

これが大人が外国語として英語を覚えるときの有利な

点だと言えます。

しかし子供はたくさんおしゃべりをして，まちがえても会話のなかでまちがいに気づいてじょじょに正していくので，言葉をすばやく覚えてしまうのではないでしょうか。この点はおおいに参考になると思います。

単独で英語を勉強するのとちがい，言葉を覚える過程で両親や友だちといった強い味方（話し相手）がいるのも子供の有利な点ですね。

●子供にとっては遊びが仕事？

またいくつか動詞をあげて説明しますが，覚えて話しだす順番は子供によってちがうでしょう。何度も言っているように，言葉は家庭環境によって覚え方がちがいますし，子供の個人的な能力や性格の差もあります。

テレビを見るのが好きな子供は，“watch”（見る）という動詞を早く覚えるでしょうし，親がよく，

“Listen to the bird singing!”

（鳥が歌っているのを聞いてごらんなさい！）

“Hear the fire engine!”

（消防車の音を聞いてごらん！）

と言っていれば，その子は音に興味を持ち，“listen to”“hear”（聞く）を早く覚えて使い始めるでしょう。

親が「何を」子供に話しかけるかで子供の言葉はいろんな発展をし，興味のある言葉を早く覚えますから，外国の人が英語を勉強するときも，興味のあるものから少

しずつ覚えるのもひとつの方法かもしれません。

しかし，話しかけるといっても子供は気まぐれですから，お母さんは「子供との遊び」のなかで言葉を教えることが多くなります。

子供と親の遊びとして，“Peek－a－boo”をすでに紹介しましたが，ここでもう2つほど遊びをご紹介しましょう。

ひとつめは“Creeper Mouse”という遊びです。

お母さんは自分の指をネズミに見立てて，

“Creeper mouse, creeper mouse,
from the barn, to the house,
CREEP CREEP CREEP CREEP CREEP!”

と歌いながら，子供の足からだんだん上に指でのぼっていき，最後に“CREEPS!”と言って子供の首をくすぐります。子供はこのゲームのスリルが大好きで，ネズミが首に近づくとワクワクします。

私はジーナが小さいとき，

“Gina, let's do Creeper Mouse!”

（ジーナ，クリーパーマウスしようよ！）

と言ってよく遊びました。

そしてこのゲームをしたくて，ジーナもときどき，

“Mommy, let's do Creeper Mouse!”

と言いました。

このような遊びのなかでジーナは“do”（する）という動詞が使えるようになりました。日本では「“do”＝す

る」と覚えるそうですが，ここで見るように子供にとっての“do”は「遊ぶ」の意味に近くなっています。

ちなみに，“do”は具体的な動きを明らかにしないで「する」の意味で使われますが，大人の世界では「労働」ということを話題にするときによく使われるのをご存じでしょうか。たとえば，

“do housework”（家事をする）

“do a job”（仕事をする）

“do washing”（洗濯をする）

などがそうです。

私は日本人のお母さんが，「子供にとっては遊びが仕事」と言っているのを聞いたことがありますが，何となくこの“do”のニュアンスにピッタリくるような気がします。

●子供には過去形と現在形の区別がつかない

他にも“This Little Piggy”という遊びがあります。この遊びには，たくさんの基本動詞がふくまれています。

子供の足の指を“piggies”つまり「子豚ちゃん」に見立てます。親指から小指まで順番に持って揺らしながら，

“This little piggy went to market.”

（この子豚ちゃんはマーケットに行きました）

“This little piggy stayed home.”

（この子豚ちゃんはお家にいました）

“This little piggy had roast beef.”

（この子豚ちゃんはローストビーフを食べたけど）
“This little piggy had none.”
（この子豚ちゃんは何も食べませんでした）
“This little piggy cried ‘wee wee wee wee’
all the way home.”
（この子豚ちゃんはお家に帰るまで「ウィーウィー」
となきっぱなし）
と言います。

これも子供が歌や遊びで動詞を覚えていく例ですが，この場合は“went”（行った），“stayed”（いた），“had”（食べた）“cried”（ないた）などです。このように，動詞によっては現在形よりも過去形を先に覚えることもあります。

英語を外国語として勉強する人は“go”の過去は“went”，“stay”の過去が“stayed”というふうに覚えますが，アメリカ人の子供は当然そのような無味乾燥な覚え方はしません。常に何かを体験しながら覚えるのです。

もちろん，小さい子供には“went”が過去をあらわす動詞だなどとはまったくわかりません。現在形，過去形という区別ではなく，動きのニュアンスがわかるだけと言っていいでしょう。

妹が１歳半のとき，私は小学校に行き始めました。彼女は目をさまして私がいないので，
“Sissa Sig! Sissa Sig!”（Sister Sig）

と家のなかを私を捜して歩きました。母が彼女に，

"Sister Sig has gone to school."

（シグお姉さんは学校に行ったのよ）

と説明すると，納得したのかしないのかわかりませんが，それから毎朝彼女は，

"Sissa Sig gone 'cool?"

と母に聞いたそうです。

●動きが目に見える動詞はすぐ覚える

子供は自分の目で確かめられるような動詞はすぐに覚えます。たとえば，"run"（走る），"play"（遊ぶ，する）"dance"（踊る）などは簡単です。子供といっしょに公園に行って，

"A doggy is running!"

（ワンちゃんが走っているわ！）

"They are playing baseball!"

（ほらみんなが野球をしているわ！）

と言って示してあげれば，子供はその言葉の意味を理解します。

しかし"play"には，

"play the piano"

"play a part"

などの言い方があり，日本語では「ピアノを弾く」「役割をはたす」とちがう語をあてるように，意味にははばがあります。

A doggy is running!

日本人には“play”＝遊ぶ，という先入観があるので，他の使い方をするときに違和感があり，熟語もいっぱいあって，使い方に慣れるのに手間どるそうですが，アメリカの子供も，そのときの状況に応じてじょじょに覚えるのです。

しかし，基本的な“play”の語感はいろんな状況で聞きながら，子供のなかで養われます。が，それは状況と言葉を直接つなぐもので，状況を日本語で考えて英語に置き換えたり，英語をブツブツ切って日本語で把握しようとするとムリが生じます。

“play”＝遊ぶ，とすると“play the piano”はピアノで遊ぶこと？　それはちがいますね。でも「“play”＝遊ぶ」が他の言い回しを理解する際の邪魔になることがやはりあると思います。

英語の動詞（形容詞などもそうです）には日本語で把握しきれない「イメージ」があり，それがネイティブには身についているが日本人には身についていない，そのちがいです。

日本語にもたくさんの「同音異義語」があり，外国人は覚えるのに苦労します。どの言語もその国の人の伝統的なものの見方が反映されていますから，むずかしくて当たり前です。でも，それぞれの語の持つイメージを体験で把握することは，言葉の上達のためには重要だと思います。

2～3歳になると子供は“hold”，“put”，“open”，

"shut", "show" といった動詞も理解するようになります。

親は子供に,

"Hold my hand."

(手をつないで)

"Put on your pajamas."

(パジャマを着なさい)

"Put away your toys."

(おもちゃを片づけなさい)

などとよく言いますし, 言うと同時に動作でも示しますから, 意味はだんだんわかってきます。

しかし "hold" = 持つ, "put" = 置く, という覚え方ではなく, "hold my hand" = 手をつなぐ, "put on" = 着る, という「かたまり」に重要な意味があり,「持つ」「置く」などは, 語の基本的ニュアンスだと思ったほうが正しいかもしれません。でないと, ちがう場面で使われたときに, 意味がわからなくてビックリしてしまうことになります。

"stand up" (立つ), "sit down" (座る) なども見本を見せてあげることで子供は覚えます。

また "open" (開ける), "shut" (閉める) などの言葉は, "Open, Shut Them" という, 手を使って遊ぶかわいい歌のなかでも覚えることができます。

"Open, shut them, open, shut them,
give a little clap, clap, clap.

Open, shut them, open, shut them,
lay them in your lap, lap, lap.
Creep them, Creep them,
Creep them, Creep them,
right up to your chin.
Open up your little mouth......
but do not let them in!"

手を開いたり閉じたり，たたいたりしながら歌いますが，日本の「むすんでひらいて」という歌とちょっと似ているかもしれません。

また，"show"も子供にはわかりやすい動詞です。大人は子供によく，

"Show me your new toy."
(新しいおもちゃ見せて)
"Show me your 'boo boo'."
(キズを見せてごらんなさい)

と言いますから，子供はすぐに何か人の持っているもので見たいものがあれば，

"Show me......!"

と言えば見せてもらえることを知ります。

ちなみに"boo boo"とは「ケガ，キズ」の意味の幼児語です。

●意味にはばのある動詞はたくさん聞いて覚える

大人がよく使う言葉は当然，子供も早く覚えるようで

す。たとえば，“get” という動詞は使い方にはばがあり意味も多様ですが，子供のまわりでもよく聞かれる言葉です。

“Get dressed.”

(服を着なさい)

“Get ready.”

(用意しなさい)

“Get a present.”

(プレゼントをとりなさい)

などがその例です。これらは文というより，子供にはひとつのかたまりで聞こえてきますから，もちろんそこに “get” という動詞が入っていることに気づかないかもしれません。

しかしそのうちに子供の耳は成長し，“get” の存在を意識するようになり，さまざまな用法のなかからその共通する意味を知ることになります。

日本人が最初に「“get” は手に入れる」と覚えるので，他の意味を理解するのに大変苦労するという話を聞いたことがありますが，子供の場合はいろんな場面で聞くので，そのようなことはありません。

“pick” という動詞もいろんな意味を持つ言葉です。子供ははじめ “pick me up” から覚えますが，その他にも，

“Pick up the toys on the floor.”

(床のおもちゃをひろいなさい)

といった親の言葉からも意味を理解しますし，「選ぶ」という意味では，

"Pick the book you want at the library."

（図書館で好きな本を選びなさい）

などの言葉で，込められた意味がわかります。また，トランプ・ゲームの「ババ抜き」は "Old Maid" と言いますが，１枚カードを選ばせるときには，

"Pick one of the cards."

（カードを１枚ひいて）

と言います。

●子供も日本人もよくまちがえる "bring" と "take"

"bring"（持ってくる）も子供との会話でよく使いますから，子供は早く覚えます。

"Bring the newspaper, please."

（新聞を持ってきてちょうだい）

"Bring your toys into the house because it's starting to rain."

（雨が降ってきたから，おもちゃをお家に入れなさい）

などとよく子供に言うからです。

私は，日本人が "bring" と反対語の "take"（持っていく，連れていく）を理解するときにちょっと時間がかかったという話を聞いたことがありますが，これはアメリカ人の子供も同じで，最初のころは子供も混乱します。"go"（行く）と "come"（くる）が混乱されやすいのと

少し似ています。

“bring” や “come” だと，その行動は話し手に近づくのに対し，“take” と “go” は離れていくアクションを指します。

しかし子供は，混乱すると言っても 4 歳ぐらいまでにはマスターしますから，外国人でも大人なら数か月で覚えられると思います。

●プリスクールで覚える動詞

アメリカには 2 歳から 4 歳の子供が行く幼稚園，プリスクール（preschool）があります。日本の人で幼稚園にあたる英語は “kindergarten” だと思い込んでいる人がいるようですが，“kindergarten” は 5 歳から行く幼稚園のことです。

子供は家庭の他でも，プリスクールでたくさんの動詞を覚えます。たとえば “talk”，“tell”，“stay”，“wait” といった単語は，プリスクールのさまざまな場面で覚えるようです。

アメリカのプリスクールの先生は，日本の幼稚園の先生に比べて，子供のおしゃべりを厳しく禁じます。だから，

“Stop talking!”

（おしゃべりをやめなさい！）

“Listen to me!”

（話を聞きなさい！）

とよく言います。また，教室のなかでは静かに話すように教えますから，
"Talk quietly."
（静かに話しなさい）
"Play quietly."
（静かに遊びなさい）
と言って，子供を静かにさせます。
そして先生が子供にいろいろ話しかけたり，質問をしたりします。たとえば，
"Who can tell us what this shape is?"
（この形が何だか言える人は？）
という質問もあります。これに子供は，
"Square."（しかく）
"Circle."（まる）
などと，手をあげて答えます。
ですから "tell" という動詞の意味は，このような質問から覚えることもあり，すぐに使えるようになります。たとえば，
"Come here, I want to tell you a secret."
（こっちにおいでよ，秘密の話をしてあげる）
と言って友だちに何かを耳打ちすることも，プリスクールの遊び場ではよく見られる光景です。
"Stay still and stop wiggling."
（じっとして，動かないで）
小さい子供に服を着せるときや，子供の髪や爪を切っ

てあげるときにお母さんはよくこう言います。これは写真をとるときにも使います。

また子供が悪いことをしたときに，お母さんは，

"Go to your room and stay there until you are ready to say sorry."

（自分のお部屋に行って「ごめんなさい」を言えるようになるまで入ってなさい）

などと言いますし，プリスクールでもいけないことをすると先生は，

"Stay in your chair and think about what you have done wrong."

（自分のイスにじっと座って，何がいけなかったのか考えなさい）

と言って「おしおき」をしますから，このようなお母さんや先生の言葉のなかで"stay"の「じっとしている，とどまる」というニュアンスを子供は感じとります。

そしてどういうかたちで話し始めるかというと，子供は何かのひょうしに，

"Stay with me!"（行かないで！）

というフレーズを覚えるようです。子供はひとりにされるのをいやがりますから，ちょっと親がいなくなりそうになると，"Stay with me!" とわがままを言います。

たとえば，うちのジーナはいろいろと学校を変わりましたから，私が新しい学校にはじめて彼女を連れていくと必ず，

"Stay with me!"

とせがんだものです。

日本の人ははじめに"stay"を「宿泊する」と覚えるので"stay"のほかの言い回しを聞いたときに新鮮な感じを受けると聞きました。もちろん子供が「宿泊」という意味を知るのはずっと先のことですから，ここでもやはり覚え方のちがいが見られます。

●フレーズで覚えて，同じような状況で使ってみる

"wait"という動詞は「待つ」という意味ですが，何を待つのか，いつまで待つのかは目に見えるわけではありませんから，子供はこの言葉を聞いてもはじめは意味がよくわかりません。

しかしある言葉をお母さんが言ったときに，お母さんが何をしているかで子供は意味をすばやく察知することがあります。

たとえば，お母さんがいそがしいときに子供が何かをせがむと，お母さんは，

"Wait a minute."

（ちょっと待って）

と言うことがあります。

子供は，お母さんがいそがしそうだということはわかりますから「いそがしいときに使えばいい言葉だ」と理解します。

だから次にお母さんが自分を呼んだときや，お母さん

がたとえば,

“Pick up your toys!”

(おもちゃをひろいなさい!)

などと言ったときに,

“Wait a minute.”

と言い返すことができるのです。

つまり“wait”の意味を理解するというより,同じ状況でフレーズごとまねをすることによって使えるようになるのが,この“Wait a minute.”という表現です。このようなフレーズは他にもたくさんあります。

同じように,子供は早い時期に,

“Wait for me!”

(待って!)

というフレーズを覚えます。これも誰かが言うのを聞いて,置いていかないでほしいときには,

“Wait for me!”

と言えばいいのだと知ります。

しかし子供は,このフレーズごと覚えてしまいますから,そのなかに“wait”という語が入っていることを意識しないで使っているかもしれません。

●覚えたり,忘れたり,なくしたり,見つけたり

“remember”(覚えている,思い出す),“forget”(忘れる)といった動詞も,動きが日に見えませんから,子供が自然に身につけるのはむずかしいです。

だから当然，大人が意識的に話しかけることで覚えることになります。

たとえば，プリスクールの先生が，

“Remember, we have to feed the rabbit now.”

（いいですか，ウサギさんに餌をあげるんですよ）

と言えば，ここで子供がわかるのは“feed the rabbit now”（餌をあげる）の部分だけで“remember”の意味はよくわからないかもしれません。

でも何度か聞いているうちに，だいたいの意味が会話のなかでわかってきます。そしてある日，

“Remember you said......?”

（～と言ったでしょう？）

と誰かが言っているのを耳にします。この言い方を覚えてしまえば，これにくっつけて子供は何でも言うことができるようになります。

“Remember you said we could have a story after lunch?”

（昼食のあとにお話を聞かせてくれるって言ったでしょう？）

といった具合です。

“remember”の反対語の“forget”も同じようにプリスクールで覚えます。たとえば先生は，

“Don't forget to put away your crayons when you are finished coloring.”

（色をぬり終わったら，クレヨンを片づけるのを忘れ

ないで)

と言ったり，

“Have you forgotten your lunch?”

(おべんとうを忘れたの？)

と聞いたりしますから，後の例は語尾はちがっていますが，子供は“forget”の意味を次第に理解していきます。そして，何か忘れものをしたときには，

“I forgot my rain boots.”

(長靴を忘れました)

と言えるようになるのです。

“lose”（なくす），“find”（見つける）もプリスクールで覚える動詞に入ると思います。子供はまず何かをなくしたときに，“I lost……”と言うことを覚えます。

これは親が，たとえば，

“I've lost my glasses.”

(メガネをなくしちゃったわ)

などとつぶやいて，探し回っているのを見て覚えるのでしょう。そして自分でも，

“I lost my teddy bear.”

“I lost my mitten.”

のような使い方で，子供は「ない」ことを主張し始めます。

でも子供の場合，本当になくなってしまったのではなく，どこかに置いたことをすっかり忘れているだけのことが多いようです。

正しくは完了形で“I've lost......”と言うべきところですが，子供の言葉では“have”が抜け落ちます。

そしてなくしたものはたいていすぐに見つかりますから，“found”という言葉も同じ時期に覚えてしまいます。探していた「手袋」が見つかったときには，

“I found my mitten!”

と3～4歳の子供でも言うことができます。

また，学校には“lost and found box”（落としもの箱）がありますから子供にとってはなじみの深い動詞だと言えますし，子供がそのころ習う，“The Three Little Kittens Who Lost Their Mittens.”という歌のなかにも“lost”と“found”がたくさん出てきます。

●アメリカの「ごっこ」遊び

子供が遊びのなかで覚える言葉に“make believe”があります。これは「ふりをする」という意味の動詞ですが，子供がよくする「ごっこ遊び」に登場します。たとえば子供は，

“Make believe we're pirates,
and this big rock is our pirate ship.”
（ボクたちは海賊で，この大きい岩がボクたちの海賊船だとしよう）

とか，

“Make believe I'm a witch,
and I can cast a spell and turn you into a handsome

Make believe we're pirates, and this big rock is our pirate ship.

prince."
(私は魔法使いよ，魔法を使ってあなたを王子さまにしてあげるわ)
などと言って遊びます。
ときには"make believe"という言葉のかわりに，同じ意味の"pretend"という動詞が使われることもあります。古い歌に"Pretend"というのがありますから，日本の方には"make believe"よりもなじみがあるかもしれません。
私たちがアメリカに住んでいたときのことです。ジーナはそのとき3歳で，近所の中国系アメリカ人でひとつ年上のマギー・リーと遊んでいました。
マギー・リーは，
"Let's pretend that I'm the mother,
and you're my little girl."
(私がお母さんで，あなたは私のかわいい娘よ)
と言いました。
ジーナはすぐに，
"Okay!"
と言いましたが，少し考えてから困った顔をして，
"But you can't be the mother,
because mothers have blue eyes!"
(でも，あなたはお母さんにはなれないわ。お母さんは青い目じゃなきゃいけないんですもの！)
と言ったのです。ジーナは私の目が青いので，「お母

さんというものはみんな青い目でなくてはいけない」と考えていたのでしょう。

もちろんマギー・リーのお母さんの目は茶色でしたから，私は彼女がそうジーナに説明するのだろうと思って何げなく聞いていました。

ところがマギー・リーは，

"Let's just pretend I have blue eyes, okay?"

（じゃあ私の目が青いってことにすれば？）

と言ったのです。これでジーナも納得し，二人は仲よく遊びを続けたのですが，この子供たちの頭の柔軟さに，私はそのときとてもビックリしました。

●ジーナ，3歳にして自分を「発見」

私の夫は日本人ですから，娘のジーナは半分アメリカ人で半分は日本人です。ところがジーナは3歳になるまで，自分が他のアメリカの子供たちとちがう顔をしていることに，まったく気がついていませんでした。

ジーナが通っていたプリスクールには，東洋系の子供はジーナとマギー・リーだけでした。ある日，彼女は鏡を見てびっくりした顔をして言いました。

"I look like Maggie Lee!"

（私ってマギー・リーにそっくり！）

はじめて自分が他の子供とちがう顔であることに，ジーナは「気がついた」のです。

このとき私は言いました。

"Oh, you have just <u>noticed</u> that you look like Maggie Lee?"
（あら，マギー・リーみたいだって，いま気がついたの？）

3歳のジーナは"notice"（気がつく）という言葉は使いませんでしたが，私の言っている意味は理解したようで，口をあんぐりあけたままうなずいていました。

このように子供は「起こった事件」のなかで新しい言葉を耳にし，自然にその意味を理解することがあります。そしてある日，自分でも使えるようになるのです。

"notice"という動詞をジーナが使えるようになったのは，それからまもなくのことでした。

小さいときのジーナは，私を驚かせるのが大好きで，よくものかげに隠れたりしていました。

ある日，私がジーナの部屋に入ると，さっきまでいたはずの彼女がいません。ふと下を見ると，なんと彼女の2本の足がベッドの下からはみ出しているではありませんか！　私はすぐに「ハハーン，ジーナがイタズラをしようとしているのだな」とわかりました。

そして気づかないふりをして，「ジーナ！」と呼びながらクローゼットのなかや家具のうらをさがしました。私がなかなか彼女を見つけられないのを知って，彼女は笑いながらベッドの下から出てきてこう言ったのです。

"Mommy, didn't you <u>notice</u> me under the bed?"
（ママ，私がベッドの下にいるって気づかなかったの？）

私が,

"No, I didn't notice you there.

Were you hiding there all the time?"

(ちっとも気がつかなかったわ。ずっとそこに隠れていたの？)

と言うと，ジーナはキャッキャと笑って喜びました。

●"Do you mind...?" と聞かれて子供も混乱！

"mind" という言葉は，動詞でも名詞でもさまざまな使い方をされますが，一番よく使われるのは,

"Do you mind...?"

という質問のかたちでだと思います。"mind" は「気にする」という意味なので、直訳すると「あなたは気にしますか？」で、「～するのはいやじゃないですか？」となります。たとえば,

"Do you mind my smoking?"

(タバコを吸ってもいいですか)

などと聞くときには「許可を求める」意味になり，答えが "No." なら「いいですよ」ということになります。

"Do you mind taking a coffee break?"

(コーヒーブレイクにしましょうか？)

と聞けば「提案」になり，これまた "No." が「イエス」の意味になります。

この質問の答え方は，日本人がよくまちがえるそうですが，アメリカの小さい子供も "mind" の意味の理解が

不確かなうちは，ときどき答え方をまちがえます。

これはつい最近，車のなかで起こった出来事です。そのとき車には私のアメリカ人の友人と，ジーナと彼女の友だちのミサとナタリーがいっしょに乗っていました。

子供たち3人は後ろのシートに座っていました。お昼どきになったので，大人同士で相談して「マクドナルドで食事をしよう」ということになり，私は子供たちに聞きました。

“Do you mind eating at McDonald's?”

（マクドナルドで食事しましょうか？）

するとうれしそうな声で一人が“Yes!”，一人が“No!”と同時に言いました。子供たちはみんなマクドナルドに行きたかったので，びっくりして顔を見合わせました。ジーナより小さい7歳のナタリーは，

“Yes, we want to eat at McDonald's!”

の意味で“Yes!”と答え，ジーナは，

“No, we don't mind eating at McDonald's!”

という“Do you mind...?”の質問の正しい答え方を知っていたので“No!”と叫んだのでした。

このときミサが何と答えたかはよく覚えていませんが，このようにアメリカ人の子供でもまちがえるのですから，外国人がよくまちがえるのも無理はありません。

ちなみに，彼女たち3人はみんな半分アメリカ人で半分日本人です。ミサは7歳ですが，ジーナと同じくらい上手に英語を話します。

ナタリーはアメリカ人のお母さんがフルタイムで働いていて，日本人のおばあさんに育てられているので，あまり英語が上手ではありません。

私はこの本のなかの例に，ナタリーや日本にいるアメリカ人の子供の例を使うのを極力避けました。なぜなら彼女たちの英語のまちがいは日本に住んでいるから起こる場合が多く，彼女たちの英語の発達もネイティブのなかで育つ子供とは微妙にちがうと思うからです。

●2歳でも「意味する」の「意味」はなんとなくわかる

アメリカと日本では，バレンタイン・デーの意味が全然ちがうことはすでに多くの人が知っていることでしょう。アメリカでは日本のように女性が男性にプレゼントを贈るというのではなく，男の子も女の子も関係なく，両親や親戚の人や友だちにバレンタイン・カードを贈ります。

もちろん恋人同士ならプレゼントやカードを交換しますが，実はアメリカでは，バレンタイン・デーの主役は「子供たち」なのです。

バレンタイン・デーに子供たちは，紙をハート型に切り抜き，ノリでペタペタ貼ってオリジナルのバレンタイン・カードを作ります。

私がプリスクールで2歳の子供に教えていたころにも，よく子供といっしょに作ったものです。

そのとき私は子供たちに説明しました。

"A heart means love.
On Valentine's Day we make pretty cards decorated with hearts for our mother, father and friends. The heart cards mean we love them."
(ハートは愛を意味します。バレンタイン・デーにはハートで飾ったきれいなカードを作って，お母さんやお父さんや友だちにあげます。ハートのカードは「その人たちを愛している」という意味です)

こう言って「ハートの意味」を教えたのです。

"mean"（意味する）という動詞は，「意味」の概念がまだよくわからない子供にとっては，理解のむずかしい言葉のひとつだと思います。

しかし，子供たちはそれぞれ可愛らしいバレンタイン・カードを作ってくれましたから，2歳の子供も，"mean"という言葉の意味を，なんとなくは理解できるのだと思います。

私は日本の幼稚園の生徒にも，かつて教えていたことがありますが，バレンタイン・デーに同じようにカードを作らせたことがありました。

みんな可愛らしいカードを作ってくれましたが，おもしろいことに日本人の子供たちはカードをクラスメイトと交換することをいやがり，自分で持っていたいと言い張りました。

私が困っていると，日本人の先生が日本語で説明してくれましたが，子供たちはまだいやがっていました。習慣がちがうと子供たちの考えも微妙にちがうものだなと私はそのとき感じました。

●動詞の理解度には時間差がある

子供が歌や遊びのなかで言葉を覚える例をこれまでにもいくつか紹介しましたが，“Patty Cake”という歌も子供の大好きな歌のひとつです。

“Patty cake, patty cake, baker's man,
bake me a cake as fast as you can.”
〔子供は手をたたく〕
“Roll it, and pat it, and mark it with ‘B’,
and throw it in the oven for baby and me.”
〔手を糸巻のように回して，たたいてBの字のドーナツを作り，オーブンに入れるまねをする〕

1歳になる姪のジェイミーは上手にこの遊びをします。この歌のなかには，“bake”（焼く），“roll”（回す），“pat”（軽くたたく），“mark”（しるしをつける），“throw”（投げる）という動詞が入っています。

もちろん彼女はまだこれらの言葉を使っておしゃべりすることはできませんが，手を使って遊ぶなかで言葉の意味を体で感じとっているようです。これらの動詞のなかで一番理解しやすいのは“pat”だと思います。

子供は動物が好きですし，親も動物を優しくなでるように教えますから，子供はすぐに“pat”という言葉を理解します。

たとえば，子供の絵本にも“Pat the Bunny”という題の、動物の毛や他のいろいろな材質のものが絵についている本がありますが，これにさわることによって子供は目で見るだけでなく動物の手ざわりを知ることができます。

これを見ながらお母さんが，絵のなかの犬を指し，

“Pat the puppy.”

と言うと子供は犬の絵をなでます。

ここでもう“pat”の意味がわかっていますね。

“throw”という動詞は上の歌の他でも，遊びのなかでよく聞く言葉ですから，早い時期に理解して使い始めます。

“throw a ball”

（ボールを投げる）

“throw a beanbag”

（お手玉を投げる）

などです。“throw”の反対語の“catch”（とる）も遊びのなかによく登場します。

“catch a ball”

（ボールを受ける）

“play catch”

（キャッチボールをする）

などです。だからこれらは同時期に覚えます。“play catch”は，日本で言う“catch－ball”のこと。「キャッチボール」というのは実は，和製英語なのです。

また，お母さんはよく子供に，

“Put on your jacket if you are going out, so you won't <u>catch</u> cold!”

（出かけるときには上着を着なさい，カゼをひかないようにね！）

と言いますから，ここでも子供は“catch”の意味の「とる」というニュアンスを感じとることができます。

さて，この歌のなかの“bake”（焼く）という動詞ですが，ふだん外で働いているお母さんは，オーブンでケーキやクッキーやパンを焼くことがあまりありませんから，子供が自分の目で「焼く」の意味を確かめる機会は少ないです。

だからそういうお母さんは，この“bake”のかわりに，“make”（作る）という動詞を使ってこの遊びをします。

この言葉はキッチンのなかだけでなく，他にもたくさん聞く機会がありますから，子供にとっても親しみやすいからです。

たとえば，キッチンでは，

“make breakfast”

（朝食を作る）

“make lunch”

（昼食を作る）

などという言葉を子供は耳にします。

“What shall I <u>make</u> for supper tonight, chicken or spaghetti?”

（今日の夕食は何にしようかしら，チキン？　それともスパゲッティがいい？）

と子供に話しかけたりもします。

余談ですが，アメリカの家庭ではお父さんもときどき料理をします。私の父はもう退職していますからよく料理を作りますし，私が小さいときにも，週末には父が朝食を作ってくれました。

“make” という動詞は，使い方がさまざまですから使う頻度も当然高くなります。たとえば子供の世界では，

“Let's make a mudpie.”

（ドロのケーキを作ろうよ）

“Let's make a sandcastle.”

（砂の城を作ろう）

という会話が飛び交いますし，少し大きくなると，

“I made a mistake.”

（失敗しちゃった）

と言えるようにもなります。

また，お母さんも，

“Don't make a mess in the house today, we're having company for dinner!”

（今日はお家のなかを散らかさないでね，夕食にお客さまがくるから）

と言ったりします。

このように “make” は生活のいろんな場面で登場しますから，子供にとっても耳にすることが多くなるので

す。

ちなみに，“make” とときに同様の使い方をする動詞 “build” も子供は遊びのなかで覚えます。

“build a snowman”

(雪ダルマを作る)

“build a treehouse”

(木の家を作る)

などがそうです。

ただし，“make” は本当に頻度の高い言葉ですから，子供も一度にすべての用法を理解し，使えるようになるわけではありません。

たとえば，

“make love”（愛しあう）

“make war”（戦争をする）

“make do”（やりくりする）

“make the most of”（大いに利用する）

“make the best of”（大いに利用する）

“make it”（成功する）

などの熟語は子供の世界ではほとんど使われない言葉ですし，子供に話したところで正確には理解できないでしょうから，大人もあえて子供に対して使おうとはしません。

したがってこれらの言葉が子供のボキャブラリーのなかに入るのはもう少し大人になってからということになります。

ここで言えることは，このような熟語は，アメリカ人でもじょじょに経験とともに覚えますから，日本人が学校などで学習するように，“make”の熟語として膨大な例を頭から覚えたところで，身につかないのは当然かもしれません。

●「約束」が「壊れる」？

子供はよく「もの」を壊して叱られます。

だから，“break”（壊す）という動詞は子供にとって親しみのある（？）言葉で，早い時期に覚えます。

親の持ちものや他人のものを壊さないように，子供は慎重に扱うよう努力するのですが，どうも子供にはむずかしいようです。みなさんにもご経験がおありとは思いますが……。

そして少し成長して４～５歳にもなると，具体的なものでなくても何かを壊すのに“break”を使うことを知るようになります。たとえば，“to break a promise”（約束を破る）という言い方です。

アメリカの社会では，約束を破ることはとてもいけないことです。だからアメリカ人の親は「守れない約束はしない」ということをきびしく子供にしつけます。

それには，親がしっかり見本を見せてやらなくてはいけませんが，子供にとっては理解できない場合もあります。

たとえば，ピクニックに行こうと言っていたのに，当

日，雨が降ってしまったときなどはそうです。楽しみにしていたのに行かれないとなると，子供は目に涙を浮かべて，

"You lied to me!"

と抗議します。アメリカ人にとっては約束を破ることはウソの一種なのです。ですから，親が子供に意識的な "lie" と偶然の "mistake" のちがいを教えるのは大変です。

アメリカ人のお母さんはなるべく子供が理解しやすいように説明することにしています。たとえば，

"We will have a picnic tomorrow if the weather is nice."

のように「もしお天気が良ければね」と条件をつけておくのです。こうなれば子供だってウソとは言えなくなります。

あるいは，

"I'll try to take you to Kodomo No Kuni tomorrow."

というふうに，"try to" をつけて話します。

帰る時間をジーナに言うときも私は，

"I'll be home by 7:00."

とは言わずに，必ず，

"I'll try to be home by 7:00."

または，

"I'll be home about 7:00."

と言うようにしています。

なぜなら，7時までに帰れなかった場合，私の言葉は「ウソ」になるからです。

さて，その他にも“break”を使う表現には，恋人と破局をむかえたときの“break up”，泥棒が押し入るときの“break into”，心が傷ついたときの“heart break”などがあり，ものが壊れる場合でなくても“break”で表現します。

しかし子供は，当然身近で具体的なものから覚えていきますから，これらを一度に覚えることはありません。ですから，外国人が熟語を一度に覚えられずに挫折(ざせつ)感を味わうのは，ナンセンスだと私は思います。

●“help me...!”で「楽ができる」と知った日

子供はお手伝いが大好きです。お母さんが料理を作ったり掃除をしたり，お父さんが庭の手入れをするのを子供はよく手伝います。

でも実際に手伝ってもらうと失敗ばかりで，自分でやるより10倍も余計に時間がかかったりしますが，とにかく子供は何でも手伝いたがります。

“help”という動詞にはいろんな意味がありますが，アメリカ人の子供は「手伝う」という意味から“help”を覚えます。

子供は“help”という言葉を，お母さんの，

“Please help me take the trash out.”

（ゴミを出すの手伝ってよ）

などといった言葉のなかで知っています。

しかし子供がお手伝いをするのは，楽しいからやっているだけであって，自分が実際に“help”という言葉を使っておしゃべりしだすのは，「助けてもらうと楽だ」という事実を知った日からです。

ジーナが2歳のとき，私の友人が家に遊びにきました。彼女はジーナが洋服をひとりで着られるのを見て，驚いて言いました。

“I have nephews aged three and four, but they can't get dressed by themselves.”

（3歳と4歳の甥（おい）がいるの。でもその子たち，ひとりで服を着られないのよ）

するとそれを聞いていたジーナは，次の日，着替えをしながら，

“Mommy, can't you please help me just a little bit?”

（ママ，ちょっとだけ手伝ってくれない？）

と言ったのです。彼女は“play helpless”，つまりわざとできないふりをして助けてもらうことを，このとき覚えたのでした。

そしてこれを覚えてしまえば，楽をしようと思ったときに，子供は“Please help me…!”のフレーズを連発しだします。

しかし，子供には何でも自分でできることは自分でするようにしつけたほうがいいと私は思いますから，子供がこう言って訴えても何でも聞いてあげるのはよくない

と思いますが，とにかく子供はこのようにチャッカリしているものです。

●“help” のむずかしい使い方

“help” には，他にもいろんな意味があります。

たとえば日本の人は学校で，

“I can't help ...ing.”

(〜せずにいられない)

という言い方を習うようですが，これはむずかしい言い回しですので，子供が小さいころは使いません。ジーナが使った例もまだ聞いたことがありません。

日本人は “help” の用法として，こんなむずかしい表現までいっしょに覚えなくてはいけないので，英語が苦手になってしまうのです。

しかし，子供は似た表現の，

“I can't help it.”

(ガマンできない)

“I couldn't help it.”

(ガマンできなかった)

を使うことができます。

たとえば，夜におもらしをしてしまった場合などに，

“I'm sorry, Mommy. I couldn't help it. I couldn't wake up.”

(ママごめんなさい，ガマンできなかったんだ，起きられなくて)

と言うこともあるでしょう。同じように何かをこぼしたり，壊したりしたときにも使う表現です。

“can't help it” は “can't help it if” のくだけたかたちですが，日本の人が覚えるように「～せずにいられない」という意味よりも，「しかたない」というニュアンスのほうが強いと言えます。

たとえば，子供が他の子供を身体的なことでからかうのを見て，お母さんが子供に言って聞かせる例ですが，

“He can't help it if he wears glasses.”

(彼がメガネをかけているのはしかたないことなの)

“She can't help it if she's fat.”

(彼女が太っているのはしかたないことなのよ)

などがあります。

そしてこれらをもっとコンパクトな言い方に直すと，

“He can't help wearing glasses.”

“She can't help being fat.”

となります。

ですからこのような例は日本の人が習う例とは少しちがうようです。これを「太らずにはいられない」としてしまうとちょっとおかしくなるでしょう？　このへんにも覚え方のちがいがあるようです。

● “May I use...?” で “use” の使い方を知る

自分が何かをしたいとき，欲しいものがあるときに，小さい子供は “I want...!” と言いますが，少し大きくな

るとちょっと遠慮した言い方，相手の都合も考慮した言い方を覚えます。

"May I...?"

と言って相手の都合を聞いたり，許可を求めるのです。これがどれくらいから使えるようになるのかは個人差がありますが，２～３歳ぐらいになって外で近所の子供と遊べるようになると，年上の子供たちが使っている"May I...?"というフレーズをまねて使いだすこともあります。

たとえば，公園などでは，

"May I use the swing after you?"

（次にブランコを使っていいかしら？）

"May I use your tricycle?"

（あなたの三輪車に乗ってもいい？）

といった会話が飛び交っていますから，"use"という言葉の意味がはっきりとはわからない子供でも，年上の子供たちがこう言って遊んでいるのを見て，すぐまねして使い始めます。

つまり，"May I use...?"という言葉が非常に便利な言葉であることを知るのです。だから"use"という動詞で覚えるというより，"May I use...?"のフレーズごと子供は理解してしまうようです。

同時期に子供は"Please let me..."という言い方で許可を求めたり，何かがしたいと訴えることを覚えます。

"Please let me..."の威力を駆使して，子供はプリスク

May I use the swing after you?

ールの先生やベビーシッターなどに，上手におねだりをします。

●日本人は“let”の使い方がおかしい！

そして，“let”という動詞のニュアンスがわかると，“let”を使った表現も増えてきます。

“My parents let me stay up late last night.”

（親が昨日の夜は夜ふかしさせてくれたの）

“My parents don't let me eat candy.”

（親がキャンディを食べさせてくれないの）

これらは4～5歳ぐらいで使えるようになります。

しかしどうもこの“let”という言葉は，外国人には使い方がむずかしいようです。たとえば，日本人の女性が私によくこんなことを言います。

“My husband won't let me work.”

この言い方はネイティブが聞くと少しおかしく感じます。もちろん彼女たちが言いたいことはわかりましたが，これを聞くと，話し手が「私の主人は私が働こうとすると力ずくでも止めに入る」と言っているように聞こえ，意味が少しおかしくなってしまいます。

アメリカ人の主婦なら，

“My husband doesn't want me to work.”

と言うでしょう。

つまり“let”と“work”は相性が悪いというか，“work”にはいろいろな意味がふくまれていて，許可を与えたりもらったりという意味合いでは使いにくいのです。

日本語の「働く」は「仕事」という意味に限って使われることが多いですから，直訳すると，

“He doesn't let me work.”

となってしまうのはよくわかります。

しかし英語の場合“work”には「働く」という意味の他に「動く」という意味がありますから“let me”と結びつくことによって，意味が「動く」のほうに近くなります。

だから，“let me work”だと「無理にでも私を働くほうへ動かす」というニュアンスが生じてしまいます。

そのあいまいさを避けるために，ネイティブは“doesn't want me to...”という表現を使い，「彼が望んでいないこと」を明確にするのです。

●子供にとって“work”は「働く」ではなく「動く」

日本人は“work”という動詞を「働く，勉強する」と習うようです。しかし先に述べたように，“work”はさまざまな意味を持っていますから，子供にとっても覚え方は少々複雑になります。

もちろん，いろいろな使い方をされるぶん，まわりの人の会話のなかでよく登場しますから，“work”という動詞を耳にする機会は子供にも多いはずです。

たとえば，朝起きて父親がいないことに気がついたと

きに，

“Where's Daddy?”

（パパはどこ？）

と聞けるころになると，お母さんは，

“Daddy has gone to work.”

（パパはお仕事に行ったの）

と説明しますから，“work”という言葉を耳にするのはかなり早い時期ですが，このとき聞いた“work”という動詞を「働く」あるいは「仕事」の意味で，まだ子供はきちんと理解しているわけではありません。

子供たちはよく“house”（おままごと）という遊びをします。そのなかで，お母さん役の子供が料理を作ったり掃除をするのに，お父さん役の子供はとりあえず車に乗って会社へ行くふりをしますが，その他は何をしていいかわからず，うろうろしているだけという現象が起こります。

子供は家のなかで働くお母さんは見ることができますが，外で働くお父さんは見たことがありませんから，まねをするにもどうしていいかわからないのでしょう。

4～5歳になると，子供は“work”の他の使い方を覚えます。それは，たとえばおもちゃなどが壊れたときに，お母さんに見せると，お母さんは，

“Oh, it isn't working?
I think it needs new batteries.”

（あら動かないの？　たぶん新しい電池が必要なのね）

などと言うので，子供はすぐに，

“It isn't working!”

（これ動かない！）

という言い方を覚えます。こちらの使い方のほうが子供には親しみがありますから，子供にとっては，“work”は「働く」より「動く」の意味のほうが理解しやすいのです。

●“I don't care!”を不用意に使ってはダメ！

最後に“care”という動詞を見てみましょう。日本のみなさんは「世話をする」という意味を最初に習うようです。

これは，“I don't care!”という否定のかたちで言われることが多く，ふだんから子供はよく口にします。でも「世話をしない」という意味ではありません。

たとえばこんな例があります。

“Gina, would you rather have pizza or spaghetti?”

（ジーナ，スパゲッティとピザどっちがいい？）

“I don't care.”

（なんでもいいよ）

“Gina, your hair is a mess!”

（ジーナ，髪がクシャクシャよ！）

“I don't care!”

（別にいいよ！）

上の例は「どっちでも」という意味ですし，下の例だと「うるさい！」といった意味になりますから“care”の意味の広さがわかっていただけるかと思います。

さて，“I don't care!” という言い方が一般に子供がよく使う言葉だとしても，アメリカ人の親はこう言って子供が安易に議論をやめ，自分の意見を言わないことはいけないことだと思っています。

子供の本にもこんなものがあります。

あるところに何を聞かれても，“I don't care!”（なんでもいいよ！）と答える男の子ピエールがいました。

自分の意見を言わないで，“I don't care!” と答えるのはとても失礼なことですから，当然いろんなところでまわりの人と問題を起こします。

そして誰かが「ライオンが後ろにいるぞ」と教えてくれても彼は，“I don't care!” と言います。しかし，最後にはまわりに誰もいなくなり，ライオンが近づいてきて彼に言います。

“I can eat you, don't you see?”

（お前を食べちゃうぞ，いいのかい？）

彼は，

“I don't care!”

と答えます。

“And you will be inside of me.”

（じゃあお前は俺さまのお腹のなかに入るんだよ）

ピエールはまた，“I don't care!” と言います。そしてピエールはライオンに食べられてしまいます。

私も小さいころ，母を怒らせるには，

“I don't care!”

と言えばいいということを知っていたので，よく母に向かって言って怒らせていました。いま思えば，この本の男の子と同じことをしてしまったのかもしれません。

子供はともかく，大人はあまり不用意に使わないほうがいい言葉だと言えます。

【コラム② take lunch?】

●"take lunch" ってなんだろう?

私にはたくさんの日本人の友人がいますが,その人たちと食事をするときにいつも私が不思議に思うことがあります。

それは彼女たちが昼食をとるときに,

"Let's take lunch."

と言うことです。

普通,「昼食をとる」と言うときは,"have lunch","eat lunch" という言い方をしますが,"take lunch" はとても変です。"take" には何かを持っていくというニュアンスがありますから,"take lunch" と聞くと,どこかに食べ物を持っていくというイメージがあり,そのたびに,「お皿を持って彼女たちがどこかにぞろぞろと行ってしまう図」が頭に浮かんでしかたありません。

たしかに「ものを買う」ときには "take" を使います。「これを下さい」というときには,

"I'll take this."

と言います。また薬を飲むときにも "take medicine" と言います。

このどちらかの言葉のイメージがミックスされて,"take lunch" というおかしな表現が生まれたのでしょうか?

私にはなぜだかさっぱりわかりません。が,聞くたびに笑ってしまいます。

"No! Be nice to the kitty!
Don't pull his tail!"
(ネコちゃんには優しくするの！
シッポ引っ張っちゃダメ！)
と言います。

友人の家でも，自分の子供がきれいなお花をだいなしにしようとしているのを見ると，

"No! don't touch the pretty flowers!
Look at your book!"
(そのお花にさわっちゃダメよ！　本を見てなさい！)
などと言ったりします。

それにしてもアメリカ人のお母さんは，子供に対して "no" を言い過ぎるところがあると思いますが，日本のお母さんはどうでしょうか？

さて，子供が自分から "No!" と言って自分の要求をお母さんに示そうとするのは，2歳までに始まります。いままでお母さんに言われ続けた言葉を自分のために使うのです。たとえばお母さんが，

"Joey, it's bedtime."
(ジョーイ，寝る時間よ)
と言うと，ジョーイは，
"No!"
と言うようになります。

次は私の友だちの話です。彼女はある日，2歳の娘に飲み物を与えようとして，何が欲しいかをたずねました。

"Do you want apple juice?"
"No!"
"Do you want orange juice?"
"No!"
"Yoghurt drink?"
"No!"

ここで彼女はあきらめて，ヨーグルト・ドリンクをテーブルの上に置きました。ところが"no"と答えたはずのヨーグルト・ドリンクを，子供は喜んで飲みだしたのです。

子供が"No!"と言ったのは，実は自己主張の始まりだったのではないかと思います。それにこう言うことによって母親との会話は続きます。このふれあいを子供が望んでいたとも考えられます。

娘のジーナにも，同じようなことが2歳になる前に起こりました。ある日の昼食時のことです。

何を食べたいのかジーナに聞きましたが，彼女はずっと"No!"と言い続け，ちっとも欲しいものを言ってくれませんでした。

とうとう彼女がホットドッグを食べたいと思っているのをつきとめ，私は昼食にホットドッグを作りました。

ところがホットドッグののったお皿を彼女の前に置いたとき，彼女はまた"No!"と言って泣きそうになって抗議しました。

はじめは「何がいけないのだろう」と混乱しましたが，

ジーナのホットドッグを彼女が食べやすいように小さく切ってお皿にのせたのがどうやら原因のようでした。

“No! Want big hotdog!”

と彼女は言ったのです。

ジーナは大人と同じように，大きなホットドッグが食べたかったのでしょう。だから私は自分のホットドッグを彼女にあげて，小さく切ったものは私が食べることになりました。

●単語でのカタコトの会話

ジーナが小さいころ，私たちはとても短い言葉で会話をしていました。これは私が日記に書きとめてあった，ジーナが１歳４か月のときの会話です。

家で当時飼っていた「ニンジャ」という名の黒猫と遊んでいたとき，突然ニンジャが私の耳を引っかいたのです。私がビックリしていると，そばで見ていたジーナは，

“Ouch?”

と私に聞きました。彼女は，

“Does it hurt?”（痛い？）

という意味で言ったのでしょう。私はわざとまじめな顔をして，

“Ouch.”

と言って大きくうなずきました。ジーナは私をなぐさめるつもりで私の頭をなで，

“Ninja?”

と聞きました。これは，

“Did Ninja hurt you?”

（ニンジャがやったの？）

という意味です。私はまたうなずいて，

“Yes, Ninja.”

と言いました。するとジーナはニンジャのところに歩いていき，ニンジャを叱り始めました。

“No! ella umbo ooboo batapa...”

「ノー」のところだけはたしかに言葉になっていました。けれど，あとは怒っている調子でもさっぱり意味不明でした。

しかし，ジーナが怒っているあいだじゅうニンジャは小さくなっていましたから，ジーナの声の調子で怒られているのがわかったのでしょう。

このようにカタコトの会話でしたが，ジーナと私とニンジャは立派に意思を伝えあうことができたのです。

言語の発達を研究しているL.ブルーム教授も，短い言葉で子供はいろんなことを表現すると指摘しています。

たとえば子供が言った，

“No truck.”

というセンテンスは，その状況によってさまざまな意味を持っている，つまりこれで子供は何通りものことを表現すると言っています。

“There's no truck here.”

（ここにはトラックはない）

という意味のときもあれば，

“I don't want the truck.”

（欲しいのはそのトラックじゃない）

“It isn't a truck, it's something else.”

（これはトラックじゃなくて別のものだ）

と言っていることもあります。

しかし母親やそばにいる人間には，子供が何を言っているかはたいていわかるものです。

●ジーナが“okay?”（大丈夫？）とはじめて言えた日

先に，子供は“yes”よりも“okay”を早く覚えると言いました。たとえば親が，

“Shall we go to the park?”

（公園に行きましょうか？）

と聞くと３歳ぐらいの子供は，

“Okay!”

と答えます。この場では“Yes!”と答える子供はほとんどいません。なぜなら“yes”はカジュアルな表現ではないからです。

しかし，もっと小さい子供の場合は“okay”すら言えません。娘のジーナが１歳半のとき私がこう聞くと，

“Park! Park!”

と繰り返し，喜んで飛び跳ねましたが，まだ“okay”とは言いませんでした。

そして数か月後に彼女は，

“Go park!”

と言えるようになりました。ちなみにこの言葉の発展を紹介しますと，“Go park!” から数か月して，

“Want go park!”

と言えるようになりました。そして次第に，

“Gina want go park!”

“Gina wants go to park!”

と発展し，2歳になると，

“I want to go to the park.”

と言えました。このように，まちがえながら体験のなかで正しく言えるようになります。

ジーナがこのように言えるようになるころには，すでに “okay” という言葉を知っていました。しかし，使いはじめは “yes” の意味の “okay” ではなく「大丈夫」の “okay” でした。

ジーナが1歳半のとき，私はそろそろ自分でトイレに行けるように彼女に教えなくてはと思っていました。友人に相談したところ，彼女は「自分がトイレに座ってみせ，どうやってトイレを使うのかを娘に教えた」と話してくれました。

ばかばかしく滑稽(こっけい)な姿だなと思いつつ，私もその方法を試してみようと思いました。私がトイレに行きたくなったときに，いっしょにジーナをトイレに連れていったのです。

彼女は私がトイレで何をしているのかよくわからないようすでしたが，それでも私は必死に説明しようとしました。すると彼女は，私がどこか具合でも悪いのではないかと思ったらしく，駆け寄って私の体に腕をまわし，

“Mama, okay?”

と言ったのです。私はこれではまだ無理だと思い，ジーナがもう少し大きくなるまでトイレット・トレーニングはあきらめました。

●“an”でアメリカの子供は苦労する

英語でもっともよく出てきて，子供の言葉のなかで最後のほうに登場するのが，冠詞の“the”，“a”，“an”です。

もちろん大人は“the”，“a”，“an”を正しく使うことができますが，小さい子供にとっては自分の言いたいことの意味が伝わればいいので，これらはあまり重要ではないようです。ですから小さいときはすべて省略します。

日本語には英語の冠詞にあたるものがないので，使い方を覚えるのに苦労するようですが，アメリカの子供は小さいときにはまちがえても，そう長くは苦労しません。

ただおもしろいことに，アメリカの子供にとってはやっかいなのに，日本人にはそれほどでもないのが“a”と“an”の区別です。

私の５歳年下の妹は小学校に入ってからも，

“I want to eat ‘a’ apple.”

と言っていました。当時同じく子供だった私の耳にも，この言い方がとても変に聞こえたことをよく覚えています。ジーナも最近こんなことを言いました。

“I had ‘a’ egg for breakfast.”

(朝ごはんに卵を食べたわ)

これらはネイティブにはとてもおかしく聞こえます。正しくは “an apple”，“an egg” ですし，このほうが発音しやすいはずなのに，どうしてこのようなことが起こるのでしょうか。

おそらく子供は，“a” に名詞を続けて「ひとつの」という意味にする方法をマスターすると，“a cat”，“a bird” のように使いだしますが，“an” という「変種」のことにまで思いがいたらないのだと思います。

つまり “a” のほうが耳にする機会が多いですから，その法則にあてはめて考えるのでしょう。

ジーナの場合，私が注意しないことも直らない理由のひとつですが，大人は正しく “an apple” と言っているはずですから，子供は大人の言うことを単純にまねをして覚えているだけではなく，子供なりに自分で法則を作り出してあてはめているのがわかります。

また，耳の良し悪しも少しは関係しているでしょう。私の夫は英語をうまく話しますが，自分では「耳がいいから発音がいいのだ」と言っています。

「耳がいい人」は音楽が得意だと言いますが，私の妹やジーナはまったく音楽が苦手なのに対し，私は音楽が昔から得意でした。

だから私の日本語は文法も語彙もひどいものですが，発音だけはいいとよく言われます。

ところで，日本人の大人には“a”と“an”のまちがいはあまりないようです。これは，母音で始まる名詞の前には“an”で子音で始まる場合は“a”だと，学校の英文法の授業でたたきこまれているせいでしょう。

●日本人の冠詞のまちがいは“a”と“the”に集中

日本人の冠詞のまちがいは，おもに“a”と“the”に関するもののようです。私は日本人の英作文の添削（てんさく）の仕事をしていますが，そのなかにこんなまちがいがありました。

“A salesclerk's job is to help ‘a’ customer.”

最初の“a”は正しいのですが，2番目の“a”は“the”となるべきです。でなければ「販売員の仕事は，たったひとりのお客さまに奉仕すること」という変な意味になってしまいます。

また他にも，

“This is ‘an’ only meeting of...”

“At ‘a’ request of...”

“...known for ‘an’ excellent quality of...”

などの例があります。これらはいずれも“the”が正しい答えとなります。

はじめの文は，“only”がついているので“the”となり，２番目は“request”が話し手と聞き手双方が承知している事実なので“the”となります。

最後の文は「品質」が“known”，つまり知られているのですから“the”が妥当です。

このように，私の知るかぎり日本人の冠詞のまちがいは“the”のかわりに“a”を使うことが多く，その逆はあまりないようです。

ただし，こんな例はありました。

“I selected ‘the’ present for her birthday.”

（私は“それを”彼女のお誕生日のために選びました）

これは文脈によっては正しいと言えますが，「そのプレゼントの話が前もってされた場合」にかぎります。このときは何の前触れもなしに“the present”とその人が言ったので，私にはとても変に聞こえました。

この場合“a present”が正しく，“the”には「私もあなたも知っているもの」というふくみがあるので，“the”と聞いたとたんに「何のことだろう」とネイティブは戸惑ってしまうのです。

ちなみに，

“I selected a present...”

という表現はかたい表現なので，

“I picked up a present...”

もしくは，ただ，

“I bought a present...”

と言うほうがアメリカ人には自然に聞こえます。

●夫とジーナの「鶏」事件

このように，冠詞の使い方は日本人にはむずかしいようですが，昔わが家でも夫が冠詞をまちがって使ったために，娘とのあいだでおもしろい誤解が生まれた事件がありました。

ある日の夕食のとき，鶏料理を前にして夫がジーナに向かって言いました。

"Do you want a chicken?"

ジーナは変な顔をして，

"Huh??? I thought we 'can't' have pets in this apartment?"

（はぁ？ ここじゃペットはいけないと思ってたけど？）

と言いました。

これを聞いて夫もビックリした顔をしたので，私はおかしくて大笑いしました。そしてジーナに，

"Would you like a piece of chicken, Gina?"

と夫のかわりに言い直してあげました。

"a chicken" と言うと「鶏まるごと一羽」の意味になってしまうので，ジーナは「ペットにして飼うのだ」と思ったのです。「鶏を食べるかどうか」を聞くのなら，"a piece of chicken" と言わなくてはいけません。

夫は自分のまちがいに気づき，それからはまちがえなくなりましたが，ときどき忘れて同じように言ってしまうこともあります。

ジーナも夫が言いまちがえていることを知っているの

に，わざととぼけて“Huh???”と変な顔をするので，私は彼のかわりにすぐに言い直すことにしています。

このようにたまに日本人の夫とジーナのあいだには誤解が生じますが，私はなるべくその場で「通訳」に変身し，2人の会話を助けることにしています。最近では夫もまちがいを避けるために，日本語でジーナに話しかけるようにしているようです。

●日本語的発想で冠詞を省略しないで！

さて，日本人の冠詞のまちがいのなかには，日本語的な発想で冠詞を省略してしまう例も多く見られました。

“...and (the) preservation of (the) environment.”

“There are (a) number of top hotels...”

“It is (a) modern building.”

“...having (a) hard time.”

などです。

また私は，日本人が英文で作った法的な書類や契約書などの添削もしていますが，そこでおもしろいことに気づきました。何人かの翻訳者がみんな同じようなまちがいを犯している例です。

“In case Company A wants to cancel the contract...”

“In case of fire, B Insurance Company will pay...”

“In case the goods are damaged in shipping...”

などがそうですが，これらはみな「～の際には……」という意味で作文されています。しかしどれも“In <u>the</u>

case that…" あるいは文脈によっては "In the case of…" とするべきです。どちらにしても "the" を入れないと意味が全然ちがってしまいます。

"in case (of)" は，「何かにそなえて前もって準備しておく」という意味です。たとえばこのように使います。

"I made a spare key in case I lose mine."
(カギをなくしたときにそなえてスペアを作っておいた)

"Although it's not raining, I'm carrying my umbrella just in case."
(雨は降っていないけれど念のために傘を持っていく)

"Our apartment has a fire extinguisher, in case of fire."
(私たちのアパートには火災用の消火器がある)

●目に見える前置詞と見えない前置詞

短い言葉と言えば，前置詞も比較的短い語が多いですが，文のなかでは場所や状況を説明するための重要な語と言えます。

前置詞は種類が多く，動詞との組み合わせも多様で，意味がそれぞれ微妙にちがってくるので，ここで英語学習につまずいた人も多いことでしょう。

しかし，"on"，"in"，"under"，"behind" などの前置詞の用法は，アメリカ人なら小さい子供でも簡単に理解します。

これらの語の意味や使い方を説明する絵本もたくさんありますし，セサミ・ストリートなどの子供向けテレビ番組でよく取り上げられるテーマでもありますから，環境的にはアメリカの子供のほうが有利かもしれません。

子供の前置詞の理解は，次に示すように自分の好きなものと関連づけて進みます。

自分のおもちゃがおもちゃ箱の「なか」にあるなら，“in my toy box”ですし，テディベアがベッドの「上」にあれば“on my bed”です。

犬がテーブルの「下」で寝ているのは，“sleeping under the table”で，お姉さんがソファの「うしろ」にかくれていたら“hiding behind the sofa”です。

子供はこれらを他の前置詞よりも早い時期に覚えます。なぜなら，耳で聞くと同時に目で見て理解ができるからです。同じように“over”，“above”，“near”，“beside”，“below”なども，子供にとっては理解しやすい前置詞です。

しかし動きをともなう前置詞は子供が自然に覚えるのはむずかしく，親が意識的に話しかけて子供の理解を助けることが必要になるかもしれません。

たとえば“through”です。これは「〜を通って」という意味ですが，家族でドライブをしているときなどに子供に教えることができます。

“We are driving through a tunnel.”
(いまトンネルを通っているのよ)

on my bed
in my toy box
A
B
C
hiding behind the sofa

といった例がそのひとつです。

●動詞とセットで理解する前置詞

子供は前置詞を好きなものと関連づけて覚えると書きましたが，同時に，動詞との組み合わせによって覚えるとも言えます。

つまりよく耳にするフレーズなので，子供は文をまるごと覚えて使っていたのが，よく見るとそのなかに前置詞があった！　という例です。

たとえば，

"Put on your clothes."

（服を着なさい）

"Take off your shoes."

（靴を脱ぎなさい）

などがそうです。このなかには "on"，"off" という前置詞が入っていますが，子供は "put on"，"take off" というセットで覚えてしまいます。

"Turn on the TV."

（テレビをつけて）

"Turn off the light."

（あかりを消して）

なども同じです。

もっと動きのある言葉はどうでしょうか。

"Big brother goes to school."

（お兄ちゃんが学校へ行く）

"Daddy goes to work."

(パパが会社に行く)

これらも同様に，"go to" として動詞といっしょに覚えます。

少しむずかしい "among"，"within"，"upon"，"besides" などは，プリスクールに行っている子供でも理解はできますが，使いだすのはかなりあとになってからです。おそらく小学校にあがってからでしょう。

また，"by" はさまざまな場面で使われる前置詞ですが，時間をあらわす場合は子供にとっては特にむずかしいようです。たとえば，

"Get to bed by 8:00."

(8時までに寝なさい)

などと言っても，小さい子供にはこの「までに」という時間の感覚がよくわからないのです。

●"but" は "and" よりむずかしい

言葉と言葉のあいだに入って文の「接着剤」の役目をはたしてくれるのが接続詞です。これには "and"，"but"，"or" などがありますが，一番子供にとって簡単なのは "and" です。

もちろんこれらは名詞や動詞のように子供にとって特別重要な言葉ではありませんから，子供が早くから使う言葉ではありませんが，覚えてしまえば上手に使うことができ，これによって表現がひろがるとも言えます。

“and” は言葉と言葉をつなぐ場合には「〜と」という意味になり，文をつなぐと「そして」という意味になります。子供はもちろん前者のほうを早く使えるようになります。

ジーナが１歳のとき，夫のステレオのクリーニング液を飲んでしまったことがありました。私たちはあわてて彼女を病院へ連れていき，胃を洗浄（せんじょう）してもらいました。

その事件以来，私はジーナに「口に食べ物以外のものを入れないように」ときびしく教育することにしました。ことあるごとに，

“What do you put in your mouth, Gina? ONLY food!”

（ジーナ, お口に入れるものはなーに？　食べ物だけ！）

と繰り返し言ったのです。

そしてある日，彼女が理解したかどうかテストしようと質問しました。

“What do you put in your mouth, Gina?”

するとジーナは自慢げに，

“Only food.......AND cat food!”

（食べ物……とキャット・フード！）

と答えたのでした。

なんと驚くべきことに，彼女はこっそりとネコのドライ・フードを食べていたのでした。キャット・フードも“food” にはちがいありませんが，彼女の冗談はともかく，これが彼女の使った “and” の最初だったと思います。

私はジーナが最初に“but”を使った例を日記に記録していませんでしたが，プリスクールの子供たちは“but”の意味を理解し，自分でも文の最初につけて使うことができます。

たとえば母親が，

“It's time for bed now!”

（もう寝る時間ですよ！）

と言うと子供は，

“But I'm not tired!”

（でもまだ疲れてない！）

と抗議します。また，

“We have to go now!”

（もう帰らなくちゃ！）

“But I want to play some more!”

（でももっと遊びたい！）

といった会話もあるでしょう。

実際，うちのジーナなどは9歳のいまになっても，私が何かを無理にさせようとするとこんな調子で反発します。

“but”で文と文をつなぐ形で正しく表現するのは，プリスクールの子供でも少し大きい子供でないとできません。

たとえば，お母さんが子供に，

“Get ready for bed.”

（寝るしたくをしなさい）

と言ったとしましょう。これは「歯を磨いてパジャマを着なさい」という意味です。しばらくたってお母さんが「できた？」とたずねると，子供は，

"I put on my pajamas,
 but I didn't brush my teeth."

（パジャマは着たけど，歯は磨いてない）

と答えます。

これでも意味はわかりますが，文法的にはおかしい表現です。正しくは，

"I've put......, but I haven't brushed......"

と完了形にしなければなりません。つまり，子供にとって"but"を使って表現するのがむずかしいというのは，このように"but"でつながれる文には否定と肯定の文が入っているうえ，時制のところで混乱するからです。

子供の時間感覚はまだこのころ発展段階ですので，現在形や過去形の文がほとんどで，完了形は小学校で習うまでうまく使うことができません。

●子供に選ばせる"or"の聞き方

"or"は小さい子供でもふだん聞きなれている言葉ですから，簡単に理解します。たとえばアイスクリーム・ショップに行けば，お母さんは，

"Chocolate or vanilla?"

などと聞きますし，テレビ番組についても，

"Sesame Street or Zoobilee Zoo?"

などと聞いたりします。

"Orange juice or apple juice?"

"The doll or the teddy bear?"

"Red Riding Hood or The Three Little Pigs?"

このように，アメリカ人の親は子供にどちらかを選ばせるような聞き方をよくしますし，子供も喜んでそれに答えますから，早いうちにまねをして使えるようになります。

女の子はよくお人形と遊びますが，子供は自分の空想のなかでお人形とティー・パーティをし，

"Coffee <u>or</u> tea?"

とお人形に聞いたりしています。

また男の子は，

"Let's be pirates. Are you Captain Hook <u>or</u> Long John Silver?"

（海賊ごっこしよう。きみはフック船長？　それともロング・ジョン・シルバー？）

などと言いながら「海賊ごっこ」をします。

また公園では子供同士で何をして遊ぶか相談します。

"Do you want to swing <u>or</u> slide?"

（ブランコで遊ぶ？　それともすべり台？）

そして，子供に「大きくなったら何になりたい？」と聞くと，子供はいろんな例をあげることでしょう。

"I want to be a policeman, or a doctor, or a fireman,

or a superhero like Batman!"
（お巡りさんかお医者さんか消防士さんか，バットマンみたいなスーパーヒーローもいいな！）

ちなみにジーナの場合は，

"I want to be a ballerina, or an artist, or a mommy!"
（バレリーナか芸術家かお母さん！）

でした。

●"too"と"either"の混乱

"too"は小さい子供がよく使う言葉です。

ジーナが1歳半のときのことです。私たちが当時住んでいた家のキッチンは，とても細長いものでした。

ジーナはキッチンで私の行く手をふさいで遊んでいました。そのとき，おなべがふきこぼれそうになったので，あわててジーナをわきによけておなべのもとに走りました。

すると，ジーナは突然，押されたことにとても傷ついたようすで，不機嫌そうな顔をしていたので，私は説明しました。

"Mama has a problem!"
（ママは大変なの！）

でもジーナは納得できないようでした。口をとがらせ両手を腰にあてて怒った顔をして，

"Gina 'have' problems, too!"
（ジーナも大変だわ！）

と言ったのです。

また，複数の子供を持つお母さんはみんな体験することと思いますが，ひとりの子が何かしていると，他の子も同じようにしてもらいたくて「私も！」を連発します。

“I want a cookie!”

“Me too! Me too!”

“Look at me, I’m a tiger!”

“Me too!”

“I’m hungry!”

“Me too!”

“I have a new dress!”

“Me too!”

といった具合です。

しかし，子供は何でも“Me too!”と言えばいいと覚えてしまいますから，ここで思わぬ文法的なまちがいを犯すことがあります。たとえば，

“I don’t have a dog.”

（私は犬を飼ってないわ）

とある子が言ったとしましょう。小さい子供は「私も犬を飼ってない」という意味で，

“Me too, but I have a cat.”

（私も，でもネコがいるわ）

などと答えてしまうのです。これは外国人もよくまちがえるポイントですが，否定の形をうける答えですので，とりあえず，

"Me neither."
とするべきです。
これは親も訂正しますので，子供はすぐに使えるようになります。
"I don't have a dog."
"Me neither."
"I don't want to go to bed."
"Me neither."
"I don't like spinach!"
"Me neither!"
そして，小学校に入るともっと高級で正確な言い方を覚えます。
"I don't have a dog."
"I don't either."
"I don't like spinach."
"I don't either."
"Me neither." も "I don't either." も意味は同じで，大人も子供も両方使いますが，どちらかといえば，"Me neither." のほうが子供っぽい表現と言えます。

Chapter 5

Adjectives

形容詞

●初期の形容詞はどんなもの？

カタコトの言葉しか話せない子供も，やがて何かを形容する能力が芽生え，自然に形容詞を覚えるようになります。「きれいな……」「おかしな……」などです。これで表現力はグーンとアップするわけです。

形容詞には子供が簡単に覚えるものと，そうでないものがあります。子供のおかれた環境によって覚える順番もちがうでしょうし，表現する能力の発達によってだんだんと微妙な形容詞を覚えていくからです。

娘のジーナが小さいころに覚えた形容詞のひとつに，“pretty” があります。私が花や蝶々などの色あざやかなものを見るといつも，

“Look at the pretty flowers, Gina!”

（ほら，きれいなお花よ，ジーナ）

などと話しかけていたので，彼女は “pretty” をすぐに覚えてしまったのです。

余談ですが，アメリカ人には明るい色を好む傾向があるようです。これは，明るい色を “pretty”「美しい」

と思う美的センスを，子供のころから教え込まれるせいではないかと私は思いますが，どうでしょうか？

実際，アメリカの子供服は日本のものよりもハデで，ジーナは日本に来てアメリカ製の服を着ると他の日本人の子より目立ってしまうので，次第に着なくなってしまったこともありました。

次にジーナが小さいときによく使っていた形容詞に，"funny" があります。たとえば，逆立ちしている男の子の絵を見ると，私はジーナに，

"Look at the funny boy!"

（見て，ほら，おかしな男の子！）

と言いました。

昔、私がプリスクールの教師をしていたころ，2歳の子供たちが大好きだったお話のひとつに "Old Mother Hubbard" というのがありました。これにはおかしな絵がいっぱいのっていて，2歳の子供たちのユーモアのセンスにとても訴えるものでした。

"She (Old Mother Hubbard) went to the tailor's
to buy him (her dog) a coat,
（彼女はわんちゃんにコートを買うため，
洋服屋さんに行きました）
but when she came back......
he was riding a goat."
（でも家に帰ってみると，
犬はなんと山羊に乗っていました）

Funny dog!

子供たちは山羊に乗ったおかしな犬を，

“Funny dog!”

と言って大笑いしました。

また，私の友だちに2歳の娘さんがいて，よく家に遊びにきます。夫が彼女を笑わせようといろいろ努力をするのですが，彼女のほうは夫のことを怖がっていて，

“Gina Papa scary.”

（ジーナのパパ，怖い）

とよく言っていました。

しかし，最近は少し慣れてきたみたいで，

“Gina Papa funny.”

（ジーナのパパ，おもしろい）

と言うようになりました。これらは環境によってもちがうかと思いますが，私の知っている例では，“pretty”“funny”“scary”などは子供が早くから使いだす形容詞です。

●子供には簡単，“bad－good”，“big－small”

形容詞で比較的早く覚えるものに“good”と“bad”があります。たくさんの童話のなかに“bad witches”，“bad trolls”，“good heros”，“good heroines”などが出てきますから，耳にする機会が多いのです。

また，親は子供がいいことをすると，

“Good job!”

“Good girl!”

などと言い，子供がクレヨンで壁に絵をかいたり，ペットをたたいたり，親の言うことを聞かなかったりすると，

"Bad behavior!"

と叱りますから，子供はすぐそのちがいを理解します。"big" や "small"，"little" なども，子供は早い時期に覚えます。子供向けのテレビ番組のセサミ・ストリートにも "Big Bird" がいますし，ときどき "Little Bird" も出てきます。

大きさの感覚は "Three Billy Goats Gruff" という童話のなかでも知ることができます。

このなかには，

"Big Billy Goat Gruff"

"Middle sized Billy Goat Gruff"

"Little Billy Goat Gruff"

と，大きさのちがう3匹の山羊たちが出てくるからです。

そして，お母さんが何かの大きさを子供に説明するときには，両手を大きく広げて "big" と言い，親指と人差指のあいだを少しだけあけて "small" と言います。

大きさを説明するのに，ちょうどいいわらべ歌もあります。

"The 'Big Bad Wolf' who threatened 'Little Red Riding Hood' and the 'Three Little Pigs'.
The 'Three Little Kittens' who lost their mittens.

Mary had a 'Little Lamb'.
'Little Bo Peep' who lost her sheep.
'Little Jack Horner' who sat in a corner.
'Little Miss Muffet' who sat on a tuffet.......”
(赤ずきんと三匹の子豚を脅(おど)かしたのは悪いオオカミ。
手袋をなくしたのは三匹の子猫。
メリーさんは小さな羊を飼っていた。
ボー・ピープちゃんの羊が迷子(まいご)。
ジャック・ホーナー坊やは隅っこに座ってた。
マフェットお嬢さんは椅子に座ってた……)

●子供は形容詞をインパクトの強い順で覚える

形容詞には，先の“good－bad”，“big－small”などのように「対」をなしているものが多くあります。そこで，このような対の形容詞を子供がどのように理解していくかを次に見てみたいと思います。

何度も言うように，子供は自分で実際に体験できることに関する言葉は早く覚えます。

たとえば“hot”，“cold”などは早いです。

親はストーブや暖炉やアイロンなど，熱くて子供がやけどをしそうなものに近づかないように子供に教えます。子供の手を近くまで持っていって，

“Hot! Don't touch!”

と言うのです。

“cold”という感覚は氷や雪，プールや海の冷たい水

などをさわることによって感じとり，そのとき親が，

“Cold, isn't it?”

（冷たいでしょう？）

などと話しかけるなかで子供は覚えます。

しかし“hot”と“cold”では，“hot”のほうが危険がともなうので子供も聞く回数が多くなり，早く覚えると言っていいでしょう。これらは，プリスクールに入る前の子供でも容易に使える言葉です。

さて，子供は自分が小さくて弱い存在だと知っていますから，強いものに憧れる傾向があります。

子供たちに人気のあるマンガの主人公は“He－Man”と呼ばれ，彼はボディビルダーのように筋肉隆々です。スーパーヒーローは肉体的なパワーだけでなく，超人的な力を持っているものもあります。

“He－Man”の妹“She－Ra”は，不思議な力を持った女性のスーパーヒーローの一団のリーダーです。そして悪役の“villains”も，男女とも強力なパワーを持っています。子供たちは主人公が悪役をやっつけるのを見てとても喜びます。

最近，子供たちにもっとも人気のあるヒーローといえば，“Teenage Mutant Ninja Turtles”です。私が子供のころに人気のあったヒーローは，“Superman”，“Mighty Mouse”，“Batman”，“Wonder Woman”などでしたから，時代によってどんどんヒーローは変わるものですね。しかし子供はいつの時代も，ヒーローのなか

でどれが一番強いかを議論をします。

また子供は強い動物にも興味を示します。ライオンやトラ，象，ゴリラなどです。子供は“fantacy play”「ごっこ遊び」をするときには，いつも強いものになりたがります。これは強いものを好むアメリカ人の価値観が影響しているのかもしれません。

ですからプリスクールの子供たちの会話に“strong”（強い）という語はよく出てくるのですが，“weak”（弱い）はあまり出てきません。だからといって“weak”を覚えるのがすごく遅いわけでもないのですが，不思議に会話には出てこないのです。

やはり子供は何でもインパクトの強いほうにひかれるのでしょうか？

●「対（つい）」で理解できる形容詞とは？

“hard”と“soft”も子供は自分の感覚を使って覚えます。教育熱心な親は子供にいろんなものをさわらせて，そのものの感触と言葉を教えます。

たとえば，テーブルや床は“hard”だということを手でたたいて音を出しながら説明します。“soft”はまくらをさわらせたり，ネコの毛に触れさせて教えます。

前に，動物の毛がついている“Pat the Bunny”という子供の絵本のことを書きましたが，これには動物の毛の他にもいろいろな素材がついています。

サンドペーパーがついたページ，デコボコになったページ，鏡のページなどがあり，“rough”（あらい），“bumpy”（デコボコ），“smooth”（なめらか）と書かれています。まだ字は読めませんから，親が読みながら教えることになります。

このとき親はついでに“sandpaper”，“raised bumps”，“mirror”など，その素材の名前も説明しますから，あわせて子供は覚えていきます。

また，プリスクールでもいろいろな体験ができます。私の勤めていたプリスクールには校庭に砂場があり，室内にもサンドテーブルがありました。

たとえばここで砂のお城をつくったり，何かを砂に埋めたり，ミニカーの道路をつくったりして，砂で“dry”と“wet”のちがいを知ることもあるでしょう。

もちろん子供はプリスクールに入る前にそのちがいは知っていますが，プリスクールでは子供の知識や感覚を言葉や体験で補強してあげるのです。

最近のアメリカのプリスクールはデイケアセンターといっしょになっているところが多く，プリスクールに子供を預けてセンターで働くお母さんが増えています。

だからプリスクールでは，いそがしいお母さんが子供に与えられない環境や経験を，子供につくってあげるよう求められています。

“heavy”，“light”もプリスクールや家のなかで，子供は経験します。子供が大きな石や家具を動かそうとするとまわりの大人は，

“It’s heavy.”

と教えます。ここで賢い親や先生は，すぐに小石や子供用のプラスチックのイスを子供に持たせて，“light”を教えます。これはときにはぬいぐるみであったり，まくらであったり，木の葉，紙，空き箱など，その状況によってちがうでしょう。

先に，アメリカのプリスクールは日本の幼稚園より静かだと書きました。ですから“quiet”，“noisy”という形容詞も子供はプリスクールで覚えます。先生はよく口に指をあてて，

“shhhh”

と言います。これは「静かにしなさい」というサインですが，同時に言葉で，

“Be quiet.”

と言うときもあり，また大きな子供には，

“Use your ‘indoor voices’, it’s too noisy in here.”

と言う場合もありますから，子供は自然に覚えます。その他にも“short－long”，“short－tall”，“empty－full”，“slow－fast”，“thin－thick”など，対をなす形容詞がたくさんありますが，これらもプリスクールで習います。

もちろん，家でも親が説明することで覚える場合もありますし，絵本やセサミ・ストリートなどの子供向け教育番組にもよく出てきます。上のような語は目で見て比較することでちがいがわかりますから，理解しやすいと思います。

“slow” と “fast” は，有名な “The Tortoise and The Hare” というウサギとカメのお話のなかで知ることができます。子供はみな，ウサギが速く走り（“a rabbit hops fast”），カメがのろのろ歩くこと（“a turtle moves slowly”）を知っています。だから子供たちは，最後に忍耐強く，賢いカメが逆転優勝すると大喜びします。

子供の観察力を高めようと気をつかう親や教師は，2つの絵を子供に見せてどこがちがうかを言わせます。そんなときはこう言います。

“Can you tell what is <u>different</u> about these two pictures?”

(この2つの絵のどこがちがいますか？)

また，いろんな形を書いた絵を見せて同じものを2つ選ばせたりもします。そのときは，

“Find two things that are the <u>same</u>.”

(同じものはどれとどれ？)

と言いますから，子供は小さいころから “different” と “same” のちがいがわかります。

これらの子供のゲームは幼児雑誌にも載っていますし，私と母はこれでよくいっしょに遊んだものです。そしてそれをまた私は娘の教育のために使っています。

ちなみに私たちが使っているのは，“Highlights for Children” という雑誌です。

次に “happy－sad” という対の形容詞を見てみましょ

う。

子供は，小さいうちから自分やまわりの人々の感情の動きがわかるようです。だからこの言葉はプリスクール前の子供でも使うことができます。

子供は絵のなかの人を見て，どの人が“happy”でどの人が“sad”なのか，顔の表情で判断して言うことができます。そして顔の表情だけでなく，お話のなかの主人公の状況と合わせて，主人公の感情をおしはかることもできます。

“Goldilocks and the Three Bears”のなかの赤ちゃんグマは，誰かが彼のポリッジ（おかゆ）を食べてしまったので，彼が悲しそうにしていることがわかります。

また“Dumbo”は空を飛ぶ方法を見つけてサーカスのスターになるので，彼が“happy”だと子供はわかるのです。

●子供を混乱させる形容詞

しかしなかにはちがいが明確でなく，子供にも理解のむずかしい形容詞があります。たとえば“old”“new”はちょっとちがいがあいまいですから，子供もはじめは少し混乱することがあるようです。

これは母に聞いた話ですが，私が3歳のとき，母とバスに乗って新しい靴（a new pair of shoes）を買いにいきました。私がそのときはいていた靴は，ボロボロでひどい状態だったそうです。

私は“new”の意味をよく理解していなかったらしく，買い物に行くバスのなかで，

“Look at my new shoes! Look at my new shoes!”

（私の新しい靴を見て！　私の新しい靴を見て！）

と突然大声で叫びだしたのです。バスのなかの人々はおもしろがって私の靴を見ましたが，母は私たちがとても貧乏な親子に思われるのではないかと，とてもうろたえたと言っていました。

また“old－young”は，ジーナの場合，２～３歳で覚えたと思います。ジーナは私の母の顔のシワをさわって，

“You are very old，Grammie.”

（おばあちゃんって，とても年をとっているのね）

と言ったのです。「年をとっている」と言うときには“old”を使えばいいと彼女はそのとき知っていたのですが，「年寄りが“old”と言われるのを好まない」ということはまだわからなかったようです。

ところが，母がイヤな顔をしているのに気づいたジーナはすかさず，

“......but you are still beautiful!”

（……でもまだとってもきれい！）

とつけ加えました。これで母もニッコリ。私は何と頭の良い子だろうと，わが子ながら感心したものです。

さて「味」をあらわす形容詞はいろいろありますが，これも人によって味覚がちがいますから，覚え方も人さまざまでしょう。

私はプリスクールで“sweet”（甘い）と“sour”（酸っぱい）という言葉を教えるため，子供たちにフルーツサラダを作らせたことがあります。私は子供たちがフルーツを切ってボウルに混ぜる前に一口ずつ味見させました。

バナナやスイカやメロンは“sweet”で，レモンやグレープフルーツは“sour”です。そして，甘いか酸っぱいか子供によって感じ方がちがうのが，ブルーベリー，イチゴ，リンゴ，パイナップル，桃，ブドウなどです。

子供たちの意見も，

“It's sweet.”

“No! It's sour.”

と分かれるところです。

余談ですが，日本では高価な食べ物の代表のようなメロンがアメリカではとても安く手に入ることをご存じでしょうか。正確な値段は覚えていませんが，1個40セント（約40円）ぐらいで買えたと思います。

ここでおもしろい話をしましょう。私の父が日本で働いていたときのことです。父は会社の日本人の女子社員が，アメリカ人のお客さまが来たときに必ずおみやげにメロンを選ぶことを不思議に思っていました。

アメリカではメロンはとても安くてありふれた食べ物ですから，当然アメリカ人のお客さまはもらってもあまりうれしくありません。しかし日本ではメロンがとても高いとある日父は知り，彼女たちがメロンを選ぶ理由がわかったのです。

そこで父は，部下の女性に「アメリカ人に対してメロンをおみやげにするのはあまり好ましくない」と知らせるために一計を案じました。アメリカの新聞のスーパーマーケットの広告ページを開き，さり気なくオフィスに置いておいたのです。

その女性はその広告に載っていたメロンの値段にすぐ気がつき，父のところにやってきてミスプリントではないのかと聞きました。父の答えはもちろん“No.”です。それから彼女は二度とアメリカ人のためにメロンを買わなくなりました。

●形容詞の比較のまちがい

英語の形容詞には原級，比較級，最上級という比較の形があります。みなさんも学校で習ったと思いますが，

“big－bigger－biggest”

“small－smaller－smallest”

などの形です。

普通はこのように形容詞の比較級には原級に“-er”をつけ，最上級には“-est”をつけるのです。子供は学校でこれらの法則を習わなくても，自然に会話のなかで覚えて使えるようになります。

そして，新しい形容詞を覚えるとすぐに応用します。たとえば，“skinny”（やせている）という言葉を覚えると，

"Justin is skinnier than Mark."
(ジャスティンはマークよりやせている)
"Ronnie is the skinniest kid in our class."
(ロニーはクラスで一番のやせっぽち)
などと言えるようになります。

しかし，英語の形容詞の比較のシステムには上の例とは別に，長い形容詞の前には "more" や "most" をつけて比較をあらわすという「例外」があります。

たとえば，"beautiful"（美しい），"difficult"（むずかしい），"interesting"（おもしろい），"frightening"（恐ろしい）などがそうです。

だから "beautiful" の比較級は "more beautiful" となるべきなのですが，プリスクールの子供はときどき，
"Your picture is 'beautifuller' than mine."
(キミの絵はボクのより "上手" だね)
"Lisa wore the 'frighteningest' costume at the Halloween party."
(リザがハロウィーン・パーティで "一番怖い" 格好をしてた)
というようなまちがいを犯します。

子供ははじめに覚えた法則をあてはめるのでこのようにまちがって言ったりしますが，実は大人にとってもどちらのシステムにあてはまるのか判断に困る形容詞があるのです。

たとえば私も "handsome"（かっこいい）を比較であ

Your picture is 'beautifuller' than mine.

らわすのに“-er”をつけるか“more”をつけるか迷って，辞書を引いたことがあります。

正解は“handsomer－handsomest”でした。

このように規則性のあるものはまだいいのですが，

“good－better－best”

“bad－worse－worst”

のように不規則なものは，プリスクールの子供だけでなく，小学生でもまちがえることがあります。

“I'll be 'gooder' than I was yesterday.”

（これからは“もっといい子”になるよ）

“You are the 'bestest' mother in the whole world!”

（ママは世界で“一番”のママ！）

“My cold is getting 'worser and worser'.”

（私のカゼは“どんどんひどく”なるわ）

小学生が言ったこんな例も，私は耳にしたことがあります。

●形容詞の語順で日本人は混乱する

ジーナが持っている日本で買ったかわいいノートの表紙に，おもしろい英語が書かれているのを最近私は発見しました。

“Dear my dreaming girls”

と書かれているのです。これで思い出したことがあります。英語で形容の言葉をたくさん並べる場合には一定の規則があるのですが，日本人はときどきこの順番をまちがえることがあります。

上の例も正しくは，

"My dear dreaming girls"

です。

私の英語添削のノートにも，ある日本人の英作文のなかに「日本の大企業」という意味で，

"Japanese large companies"

と書かれているのを見つけました。正確には，

"large Japanese companies"

となります。

日本語では「日本」「大」「企業」の順番ですから，ついこのように作文してしまうのはわかりますが，英語では名詞である "companies" を中心にして考え，形容詞は主観的な意見を先に出し，だんだんと本質に近づいて名詞にかけるように並べます。

上の例では "Japanese companies" であるのはまぎれもない事実ですが，"large" であるかどうかは見る視点によって変わってきますから，先に出さなくてはいけないのです。

たとえば「メキシコ製のきれいな赤いドレス」と言う場合は，

"a pretty red Mexican dress"

となります。これもきれいかどうかは見る人の視点でちがいますから "pretty" が先にきます。

これを書いていると，

“a pretty Mexican red dress”

ではどうかと，夫から横槍が入りました。

これもちょっとちがいます。普通，客観的な形容詞の後には，色や形などの状態をあらわす形容詞が国などの形容詞より先にくるというルールがあります。それに，“red”に見えるかどうかも人によってちがいます。ある人は“orange”だと言うかもしれません。

さて一番はじめの例に戻ります。なぜ“My dear......”の順番になるかというと，“my”はここでは「限定詞」つまり“determiner”となり，形容詞の前に置かれる“a”や“this”と同じはたらきをします。だから“Dear my......”ではおかしいのです。

【コラム③　silly goose】

●古くなる言葉

子供はすぐに他の子供たちが使う言葉をまねします。それはときには大人の前で話すとしかられるような「くだけすぎた」表現であることがあります。

しかしそれらは慣用的な表現になってしまっていることもあるので，良し悪しはまわりの環境によって左右されますし，大人もふざけて使ったりします。

たとえば，私の働いていたプリスクールでは、先生たちが子供が変なことをしたときに，

"Silly goose!"

(マヌケなガチョウ！)

と言ってからかっていました。

すると子供たちもすぐに覚えて友だち同士で使い始めました。ある子供が上着を変に着ていると，

"You put your jacket on wrong, you silly goose!"

(上着の着方が変だよ，おばかさん！)

などと他の子が言うのです。

しかし，言葉はときがたつにつれ次第に古くなるものですから，いまの子もこのように言うかは疑問です。

また，"No way!" という表現は英語ではいろんなところで使われますが，子供が一般に使うのは「イヤだ」と言うときです（「道がない」ではありません）。

この変種に“No way, Jose! (Ho-zei)”というのがありますが，“No way!”と同じように使われ，子供はすぐに覚えます。

そして覚えるとどこででもイヤなことに対して使います。たとえば，お母さんが公園などで，

“Are you ready to go home now?”

（そろそろお家に帰らない？）

と聞くと子供は，

“No way, Jose!”

（イヤなこった！）

などと答えます。

しかしこれもすぐに古くなって，誰も使わなくなってしまうのかもしれません。

日本でも最近，「ナウイ」「ギャル」「ダサイ」などが死語になり，使うのは変なオジサンだけになっているようですが，似たようなことは英語でも起こっているのです。

Chapter 6

Quantities & Distances

数・量・距離

●数えられるか，数えられないか

日本人が英語を勉強するときに苦労する文法事項のひとつに，加算名詞，不加算名詞があります。つまり，名詞には複数形にできるものとできないものがあって，それを覚えなければいけないという点が少々複雑なのです。

たとえば英語では，“time”は「回数」という意味では数えられるが「時間」という意味では数えられない。しかし同じ「時間」でも“hour”や“minute”は数えられる……。これでは混乱してしまいますね。

だから，日本人は名詞を覚えるときに，数えられるか数えられないかを常に考えなくてはならず，これで英語がきらいになった人も大勢いることでしょう。

しかしこれらはアメリカ人の子供にとっても少々やっかいなものなのです。問題は，その名詞に「たくさん」という意味の“much”や“many”をつけて話すときに発生します。

日本のみなさんが学校で習うように，数えられない名詞の前には“much”をつけて「たくさん」をあらわします。そして数えられる名詞の場合は，前に“many”をつけ，さらに複数形の“-s”を名詞の語尾につけます。

“much time”

“much money”

“much milk”

“many hours”

“many coins”

“many books”

といった具合です。ですが，どれに“much”をつけどれに“many”をつけるかをまだハッキリとは理解していない子供は，ときにこんなことを言います。

“I don't read ‘much’ books.”

（私は“たくさん”本を読まない）

これはアメリカ人の大人には奇妙に聞こえますが，親はこのようなまちがいをあまり指摘しないようです。

ただ“many books”は「普通に」聞こえ，“much books”は「おかしな響きを持っている」程度にしか思わないのでしょう。

それに私たち大人が同じ「時間」について言っているのに，

“much time”

“many hours”

“many minutes”

“many days”

などと言い方を変えるのは，子供にとっても不思議なはずです。

食べ物に関しても，

“much fruit”

“many vegetables”

のような不思議な区別があります（しかし明らかに別々のフルーツの話をしているときには “many fruits” とも言います）。

理由はわかりませんが，子供がこの種のまちがいを犯すときは，“many” と言うべきときに “much” と言い，その逆はあまりないようです。

だからたとえば，

“I don't eat ‘much’ vegetables.”

と子供が言うのは聞いたことがありますが，

“I didn't drink ‘many’ milk.”

などと言っているのを聞いたことがありません。

そのかわり，

“I didn't drink ‘many milks’.”

というまちがいは考えられます。これはアメリカ人が英語を話すとき，“many” のあとの名詞に “s” をつける場合がほとんどなので，それが子供にも習慣になっていて，そのまま置き換えてしまうのでしょう。

また “many childrens” のようにまちがえて話す子供もたくさんいます。このように子供は「たくさん」と言う場合に “much” を使うか “many” を使うかで混乱しますが，どちらにでも使える“a lot of”は簡単なので，子供が好んで使う言葉だと言えます。

これは，“much”や“many”と同時期か，あるいは少し遅れて覚えますが，“not much”や“not many”よりは早く覚えます。もちろん“a lot of”を多く使う家庭ではそうとも言えません。

小さい子供でさえ，

“I ate a lot of ice cream.”

（私はアイスクリームをたくさん食べた）

“I saw a lot of clowns at the circus.”

（私はサーカスでたくさんのピエロを見た）

などと言うことができます。また，もっと口語的な形の“lots of”をよく使う子供もいます。

“I had lots of fun at the party! I ate lots of cake and ice cream and played lots of games.”

（パーティはとてもおもしろかった！　ケーキやアイスクリームをいっぱい食べて，いっぱいゲームをしたの）

●“a few”より“some”の方が簡単

反対に「少し」と言う場合にも問題があります。

数えられない名詞の場合には，前に“a little”をつけて「少し」をあらわし，数えられる名詞の場合には“a few”をつけて「２～３個の」という意味をあらわします。

しかしややこしいことに，この“a”が抜けて“little”となり，“few”となると，どちらも「ほとんどない」という否定のニュアンスを持つようになります。

そしてこの否定の使い方をするのは，子供にとって少々高度な技術となります。だから子供は，

“I ate a little ice cream.”

(アイスクリームを少し食べた)

などは早い時期に言えても，

“I ate very little ice cream.”

(私はアイスクリームをほとんど食べてない)

という表現は小学校にあがるまで，ほとんどの子供は正しく使えないと思います。

つまり子供の量の感覚というのは非常におおざっぱなもので，「たくさん」か「少し」か「全然」か，という程度にしか理解していないのではないかと思います。

そして，子供は“a few”より“a little”をよく使い，数えられる名詞の場合は“a few”よりあいまいな“some”(いくつかの)という表現を使うようです。

だから，

“I ate a few strawberries.”

と言うより，プリスクールの子供たちは，

“I ate some strawberries.”

と言います。

また，“very few”(ほとんどない)という否定の表現も小学校高学年にならないと使いません。

"I saw very few children at the park today."
(今日，公園にあまり子供はいなかった)
といった文はとても高度な文なのです。

同じようなことを言うのでも，たいていの子供は肯定の表現を使って，
"I saw only a few children"
と言うでしょう。

●「ちょっと」っていったいいくつなの？

"both"，"all" は子供にとってそれほどむずかしい言葉ではないようですが，使い始めるころに多少の混乱が見られる場合があります。

たとえば，すべての人（もの）に対して "all" を使えばいいのだと子供は最初に理解しますから，たとえそれが自分と弟の2人であっても "all" を使ってしまうのです。

"All of us are hungry!"
(私たちは "みんな" お腹が空いているのよ！)
などと言います。お母さんはおもしろがってわざと訂正します。

"There are only two! So, you must say, 'Both of us are hungry!'"
(あら2人しかいないじゃない。「みんな」じゃなくて「私たち」でしょ？)
こう言えば子供はすぐに理解します。2歳の子供でも

5までの数，あるいは10までぐらいはちゃんと理解するのです。

そして，子供が4～5歳にもなると，“some”や“a few”，“a couple”などの正確な数を知りたがるようになります。

娘のジーナもよく，

“How many is some?”

（いくつかっていくつ？）

“How many is a few?”

（ちょっとっていくつ？）

と私に聞いたものです。

これには私も困ってしまいました。答えはその使われるシチュエーションによって微妙に変わるからです。そして親が言ったのとちがうことが現実に起これば，子供は目ざとく指摘します。

私はジーナに「“a few”は2～3個」だと説明したのですが，数日後の夕食のとき，その言葉が問題になりました。

ジーナは豆が大嫌いなのですが，私は好き嫌いはよくないと思い，夕食のおかずを「チリ」にしました。そして，

“Eat ‘just a few’ beans.”

（ちょっとだけお豆を食べなさい）

と言ってスプーン1杯分だけ彼女のお皿に入れました。ところがジーナは，豆の数を数えて「豆が5個もお

皿に乗っている！」と怒りだしました。

"This is not 'a few' beans, this is 'a lot'!
You said a few was two or three,
so I'm only going to eat two of them!"
（これは「ちょっと」じゃなくて「たくさん」だわ！
ママは「ちょっと」は2～3個だって言った。
だから2個しか食べないからね！）

そのとき私は，

"Five beans is not 'a lot of' beans."
（5個の豆は「たくさん」じゃないわ）

と言い返しました。でもジーナは，

"Then, how many is 'a lot'?"
（じゃあ「たくさん」っていくつなの？）

と言ってゆずりませんでした。そこで私は反論をあきらめました。

たとえば，もし「ピカソの絵を5枚」持っているとか，「メルセデス・ベンツを5台」持っているとか，「めずらしい蝶々を庭で5つも見つけた」とかなら，5という数でも "a lot" となるでしょうが，「豆5つ」では「たくさん」とは言えません。

現在のジーナには，もうこのような説明をしても理解できますが，当時4歳の彼女にはとうてい無理だったのです。

This is not 'a few' beans,
this is 'a lot'!
You said a few was
two or three,
so I'm only going to eat
two of them!
1
2
3
4
5

●キツネは“big”か“small”か？

さて，このように「量や数」は小さい子供にとってはむずかしい概念ですが，「サイズ」の認識もむずかしいもののひとつです。

たとえば，象は“big”でネズミは“small”ということは子供にも理解できますが，キツネは“big”でしょうか，それとも“small”でしょうか？　ヒツジはどうでしょう。

子供はよく離れて暮らしているおじいちゃんやおばあちゃんに，

“You've gotten big!”

（大きくなったね！）

と言われます。しかし4歳の子供は，自分がまだおじいちゃんたちよりずっと小さいことを知っていますから混乱します。

そして，“big”は子供がいいことをしたときにもほめ言葉として使います。子供はとても欲張りなので，普通は自分のものを人に使わせることをいやがります。しかしある日，自分のおもちゃを友だちに貸してあげたりするのを見ると，親はその成長をうれしく思い，

“You are a big boy!”

と言ってほめてあげます。

また注射をうたれるときに子供が泣きそうになったら，

“Be a big boy and don't cry!”

と言ってはげますこともあります。このように“big”は，単に大きさが大きいという意味だけではありませんから複雑ですね。

“big－small”という言葉に関しては，私にも「理解がむずかしかった」思い出があります。

私が小さいとき，父は「細菌はとても小さくて目には見えない」と話してくれましたが，私はそれにとても疑問を感じていました。

目に見えないものを想像することができない私は，

“I bet they're not smaller than that apple!”

（でも，あのリンゴより小さくはないと思うわ！）

と言って抗議しましたが，父は，

“Oh yes, much smaller!”

（いいや，ずっと小さいよ！）

と言いました。

私はまた，

“But I bet they're not small enough to fit under the door!”

（でも，ドアの下の隙間より小さくないはずよ！）

と言い，それも否定されたので，思いつく限りの「小さいもの」をあげて父に対抗しようとしました。私には目に見えない小さいものの存在を信じることができなかったのです。私はそのとき6歳でした。

●“near”（近い）はどれくらい近いのか？

ジーナが５歳のとき，あれはモンテソーリ・プリスクールに通っていたときのことです。

彼女は宇宙の惑星の模型を学校で作って持ち帰りました。そのときはうまくできたとほめてあげましたが，９歳になったいまでも彼女にはまったく「距離感」がありません。

アメリカと日本がどれくらい離れているのか，私たちが住んでいる横浜と東京の位置関係もわかりません。彼女のおもな行動範囲である自分の家と近くの駅の距離感さえないのです！

だからいま考えると，あの宇宙の模型はあまり意味がなかったのではないかと私は思います。

いまのジーナより小さかったと思いますが，両親とドライブをしていたとき父が，「なぜ遠くのものが小さく見えて近くのものが大きく見えるのか」を私に説明し，距離感を教えようとしました。

そして昔の人は「地球が平らで，遠くまで旅をすると地球のはじっこから落っこちる」と思っていたことも話してくれました。でもいまでは人々は地球が丸いことを知っていて，そのことをどうやって科学者が発見したかを家に帰ったら教えてあげるとも言いました。

私は母のほうを向き，父のほうをちらっと見て，

“I guess there are some people who still think the earth is round!”

（まだ地球が丸いなんて信じている人がいるんだわ！）

と母の耳元でささやきました。私はそのとき，地球が平らだと信じていたのです！

さて，言葉の問題に戻りましょう。距離感に関係のある言葉の“far”（遠い），“near”（近い）は，相対的なものをあらわしますから，子供はその意味をハッキリと理解することができないようです。

たとえば私がジーナに，

“South Korea is near Japan.”

（韓国は日本に近い）

と言うと，ジーナは「韓国は自分の家から友だちの家くらいの歩いていける距離だ」と思ってしまいます。つまり彼女にとっては，

“My friend's house is near our house.”

というのと同じに聞こえてしまうらしいのです。

だから「近い」ことはわかっても，どれくらい近いか，何に比べて近いかというところまでは考えがおよばないのです。

距離感というのは，時間の感覚と非常に深い関係があります。たとえば，ある地点から別の所までどれくらいあるかを考えるときには，どれくらい時間がかかるかを問題にします。

その証拠に，英語でアメリカ人に，

“How far is it from your house to work?”

と聞くと，相手の人は，

“It’s only ten minutes by car.”
などと答え，
“It’s eight miles.”
とは答えないでしょう。
だから当然，時間の感覚があやふやな子供には，距離感もあまりないということになります。

●子供の時間感覚

さて次は時間についてお話ししましょう。ジーナは最近ようやく時間の感覚が少しわかるようになりました。１秒，１分，１時間がどのくらいなのか，だいたいわかり始めたのです。

そして最近では「夏休みまであと何日か」ということにとても興味を持っていました。私はついでに彼女に数学の勉強もさせようと思い，夏休みが近くなると，その月の日数からその日の日付を引き算させて，また次の月の日数を足し算させ，「あと何日か」を教えました。

これで彼女の時間感覚も，少しは発達するのではないかと思いました。というのも，ほんの最近になるまで，ジーナには時間感覚がまったくなかったからです。

２年ほど前，私は日本人帰国子女のための英語学校の教師をしていて，そのクラスにジーナも放り込みました。ある日，私は子供たちに時計の絵をかかせました。時間の言い方を教えようと思ったのです。

ところがそのとき一番小さかったジーナのかいた絵が

傑作でした。丸い時計のなかには数字がすべてかかれていましたが，それが全部下のほうに沈んでしまっていたのです。

このとき「時計がどんな形をしているか」もわからないジーナに「時間」の言い方を教えてもまったく意味がないと気がつきました。時計がなんのためにあるのかも知らなかったのです！

ちなみに，ジーナと同じ年の日本人の女の子は普通の時計をかくことができました。

9歳のいまでは，ジーナは時間を少し理解しますから，ドライブなどに行くときに「どれくらい時間がかかるのか」で距離を説明することができますし，またジーナ自身も時間に興味を持ち始めています。

義理の母の家が私たちの家から車で1時間ぐらいのところにありますが，そこを訪ねるときジーナは，家を出て10分もたたないのに，

"Are we near Obaachan's house yet?
Are we almost there?
How much farther is it?"
（もうおばあちゃん家の近く？
もうすぐ？
どれくらい遠いの？）
と聞くのです。

そんなとき私は時計を見せて，

"It will take an hour in all."

（全部で１時間よ）
あるいは，
“It will take about 50 more minutes.”
（あと50分ぐらいよ）
と答えてあげます。
最近ではドライブをすると，彼女はしょっちゅう時計を見て，あとどれくらいかかるのかをいそがしく計算するようになりました。

Chapter 7

Feelings

感情・意見

●カタコトでも“please”と“thank you”をつける

おかしなことに単語でしか話せない子供は，何を言っても「かわいい」と人から見られます。

“Milk! Milk!”

と言えば，「ミルクが欲しいのね」と大人は理解し，こころよくミルクをくれます。

ところが，子供が単語ではなくセンテンスで話せるようになるとそういうわけにはいきません。たとえば，

“Give me milk!”

という表現は直截（ちょくせつ）すぎて，ある意味では失礼な言葉づかいとなります。これは外国人にもあてはまるでしょう。

こんなときは何でも“please”をつければ，失礼ではなくなります。アメリカ人の親もこれらの「失礼な」センテンスには“please”をつけて話すように，この時期子供に教えます。

そして同じ時期に，何かをしてもらったら“Thank you.”を言うように教えるのです。

だから子供は，

"Give me milk, please."

"Read the book, please."

"Mommy come, please."

などと言うようになります。はじめはうまくいきませんが，こう言わないと親は子供の言うことを無視するので，子供はしかたなく従います。これで子供の "orders"（要求）は "requests"（お願い）に変わります。

子供が命令調の言葉を早く覚えるのは，動詞の命令形が原形と同じだから覚えやすいのと，自分の要求を満たすのにもっとも手っとり早いからという理由が考えられます。

ところで，子供は「自分の意見」を言うときに，それがまぎれもない「事実」であるかのような表現のしかたをするものです。

たとえば，大きな犬が子供の顔をなめようとして飛びついてきたとしましょう。まわりから見れば，犬は子供に親愛の情を示そうとしてそうしているのに，子供は怖がって，

"That dog is bad!"

（あの犬は悪い子！）

と言います。子供にとっては自分の感情だけが現実ですから，その犬は "bad" になるわけです。

また子供はよく自慢げにこんなことを言います。

"My Daddy is stronger than your Daddy."

（うちのパパはキミのパパより強いよ）

My Daddy is stronger than your Daddy.

"I'm the fastest runner in the world!"

（ボクは世界で一番速く走れるんだ！）

私が8歳のとき，3歳の男の子がとなりの家に住んでいました。私は彼がいつも "the best"，"the fastest"，"the biggest" などと自分や身内を表現するので「いやなやつだなぁ」と思っていました。

しかし，いまになって思えば，これらは子供がよく使う表現です。つまり子供は事実と自分の意見を区別することを知らないのです。

そして少し大きくなると，文の前に "I think"，"I suppose"，"I hope" などをつけて「〜だと思う」というように，自分の意見を事実と区別して表現することができるようになります。

子供が，これらの文法的にも社会的にも成熟した言い回しが使えるようになるのが一般的に何歳ごろか，ハッキリとここで示すことはできませんが，私の妹が3〜4歳のときに "I think" を使ったのを覚えています。

彼女は友だちの家に遊びに行っていて，夕食に招待されたので，受けてもいいかどうかを母にたずねるために電話をしてきたのです。

母は「受けてもいい」と言ったあと，いつものようにいろいろと指示をしました。

"Remember to say 'please' and 'thank you',
don't forget to wipe your face with your napkin,
don't say 'Yuck!' even if you don't like the food..."

(「プリーズ」と「サンキュー」を言うのを忘れないこと，ナプキンで必ずお口を拭くこと，食べ物がおいしくなくても「ウヘッ」なんて言わないこと……)

すると妹は，

“Well, I think I ‘gots’ to go now!”

(えーっと，そろそろ私，行かなくちゃ！)

と言って途中でガチャンと電話を切ってしまったのです。これは大人が電話を切るときに言うのを聞いてまねしたのだと思います。

日本の子供ならさしずめ「うるさい！」というところでしょうが，英語にはこんな便利な言葉はありません。妹は，こう言っててていねいに母の注意を全部きかなくてもすむようにしたのです。

母は笑いながら受話器を戻し，そばにいた私に妹の口調をまねて話してくれたので，おかしくて私も笑い転げました。

この話は，わが家のファミリー・ジョークになっていて，妹はいまでもときおりからかわれます。

●ジーナがある日突然シンデレラになってしまった！

“I wish”（～ならいいのに）という表現も3～4歳の子供は使います。ジーナは3歳か4歳のとき，鳥についての教育番組を見たあとで私のほうを向き，

“I wish I ‘was’ a bird.”

(私が鳥だったらなぁ)

と言いました。

彼女が条件法（仮定法）という文法のむずかしいパターンを使い，自由な発想を育てるための番組に刺激を受けたことを私はうれしく思いました。

そこで私はうきうきして，

“Why, Gina, what would you do if you were a bird?”

（まあどうして？　もし鳥だったら何をするの？）

と聞いてみました。するとジーナはむっとした顔をし，「くだらない質問を私がした」とでも言いたげにこう言ったのです。

“What ALL birds do! You know, fly!, breed!”

（どの鳥もすることよ！　ほら飛んだり！　産んだり！）

私は“breed”の意味をジーナが本当に知っているのかどうかを確かめたくなり，また聞きました。

“What does ‘breed’ mean?”

（ブリードってなぁに？）

するとジーナはあきれた顔をして，

“Mate, lay eggs.”

（結婚して，卵産むってことよ）

と言い，バカな母と話をするのはつまらないといった顔で，部屋を出ていってしまいました。

とにかく子供は「夢いっぱい」ですから，このように何かになりたがります。「何かになりたい」と言う場合，少し大きな子供なら“would like to be”という表現を使って，将来なりたいものを言うことができるでしょう。

などのような使い方です。また自分が病気で学校を休んでいるときには,

"I wonder what my friends at school are doing now."

(友だちはいまごろ学校で何してるかなぁ)

と言ったりします。ジーナはいまでもよく,

"I wonder what Grammie and Grampa are doing now. It must be morning in America now!"

(おばあちゃんやおじいちゃんはいま何をしているかしら。アメリカはいまごろ朝だわ!)

と言います。

さて,私たちがアメリカから日本に移ってくるとき,飛行機のなかで6歳のジーナは,

"Suppose the plane crashes!"

(この飛行機,落ちたらどうしよう!)

と繰り返し言っていました。

実は彼女は飛行機が大嫌いで,はじめは乗るのをいやがっていたのです。困った私たちは友だちに頼んで,サヨナラのプレゼントを「飛行機のなかであけるように」と言ってジーナに渡してもらうよう画策しました。

でもジーナは,空港であけるといってききませんでした。私が,

"No, wait until you're on the plane."

(ダメよ,飛行機に乗るまで待って)

と言うとジーナはいやな顔をして,

"I suppose it's a parachute!"

（きっとこれパラシュートだと思うわ！）

と言ったのです。変な子でしょう？

ジーナが“suppose”をそのときはじめて使ったというわけではなかったと思いますが，そのころジーナがこの言葉を気に入ってよく使っていたことは覚えています。

●とりあえず“It seems like”みたいな

いまの日本の若い人は「～みたいな」を使って，あいまいな話し方をよくすると言われていますが，これは英語でも同じようなことが言えるのです。アメリカ人の子供も“It seems like...”を使って「～みたい」とよく言います。

“It seems”の使い方を覚えるのに苦労したという話を日本の人に聞いたことがありますが，アメリカ人の子供の場合はそれほどでもありません。この表現がキンダーガーテンに通う子供たちの会話によく見られるからです。

“It seems like it's going to rain.”

（どうも雨になりそうね）

という例がそうです。

ジーナも転んでひざをすりむいたり，アメリカにいる友だちを思い出してさびしくなったときにはよく，

“It seems like the worst day of my life!”

（私の人生で最悪の日だわ！）

と言って一日不機嫌になります。

しかし，私の知り合いの日本人は“It seems that...”の形で表現するのがむずかしいと言っていましたが，実はジーナもまだ“It seems that”という表現を使って正しく「節で」言うことはできません。

これは小学校の高学年にならないと使えないと思いますから，日本のみなさんにも時間がかかって当然でしょう。

またこの表現は文語的なので，大人でもあまり会話では使わないと言えます。だから子供も学校で習わないかぎり，自分から使い出すことは少ないようです。

同じように「～のようだ」「～みたい」と言うときの“It sounds like...”，“It appears that....”という微妙なニュアンスを持つ表現も，まだジーナは使えません。なぜなら，彼女はこれらを“It seems like”ですべて代用していて，それで十分通じるからです。

特に“It appears that”はかたい表現なので，知っていても子供はあまり使わないかもしれません。

● “I'm afraid”は本当に恐れているときだけ

“I'm afraid...”という表現はジーナも使うことができますが，大人が軽い否定の意味を込めて「～と思う」という場合に使うのに対し，子供の場合は本当に「恐れて」いたり「心配」なときにしか使いません。

“I'm afraid you're going to get angry with me......

I spilled grape juice on my new skirt."
(怒ると思うけど……新しいスカートにグレープジュースこぼしちゃった)

このように子供は本当に恐れているときに使います。

"I'm afraid my friends in America will forget me."
(きっとアメリカの友だちは私のこと忘れちゃうんだわ)

などと目に涙をためながらジーナは言います。

しかし大人の場合,

"I'm afraid the house is a mess."
(家が散らかってるんじゃないかしら)

"I'm afraid we've run out of milk."
(ミルクをきらしちゃったみたい)

などと言うときに"I'm afraid"を使いますが,このような「小さな心配」は子供にとって重要ではないのです。だから子供は何かを強く恐れたりしない限り"I'm afraid"は使いません。

【コラム④ I'm boring?】

●「私はつまらない人間だ」?

日本人の知り合いと話していてとてもビックリしたことに,「私はつまらない人間です」と突然連発しだす人がいたことでした。

突然どうしたのだろうと思って注意深く聞いていて,しばらくしてやっと理由がわかりました。

その人は,

"I'm bor<u>ing</u>."

と言っていたのですが,

"I'm bor<u>ed</u>."

の意味で言っていたのです。つまり,自分がつまらない人間なのでなく「何かにあきた,いましていることがつまらない」という意味だったのです。

これを "boring" を使って表現するなら,

"<u>It's</u> boring."

が正しい言い方で,"I'm boring." では「私はつまらない人間です」という意味になってしまいます。

同じように,「おもしろい!」というときに,

"I'm exciting."

と言うのを聞いたことがありますが,これも,

"I'm excited."

が正解。

“I'm exciting.” ではこれまた「私は激しい人です」という変な意味になってしまいます。

ご想像どおり，これも，

“It's exciting.”

と言い換えることができます。

Chapter 8

Time Concepts & Frequency

時間感覚・頻度

●過去，現在，未来がゴチャゴチャに

子供が初期に使う動詞と言えば，“go”，“come”，“look”，“sit”，“give”などですが，これは単独で使うと命令調になります。

しかし，やがては単独で使うだけでなく「誰が」という主語をつけることが必要になってきます。ここで子供はこんなまちがいを犯します。

“He go.”

“I likes.”

“They runs.”

などと言ってしまうのです。

これらはまちがいというより，かわいい「子供言葉」といった感じがあります。また，大人でもこのように言う人もいますし，方言にも見られます。

子供が耳にするのは，“I like...”，“He likes...”など正しい言葉のはずなのに，なぜか子供は自分なりに応用して“I likes...”といった文を創造してしまうのです。

そして，子供は次第に進行形“-ing”も使えるように

なりますが，ほとんどの場合“be”動詞が抜け落ちます。

“Birdy flying.”

“Boy running.”

“Mommy cooking.”

などです。

さて，またしばらくすると子供の会話の内容は広がります。たとえば昨日のことや一昨日のことを話そうと試みるのです。

そのときに知っていなければならないのが，過去形の言いあらわし方ですが，言葉の成長が追いつかず，過去のことを現在形で話す子供がいます。

何人かのアメリカ人のお母さんが私に話してくれたのですが，子供たちは明らかに過去のことを話しているのに，動詞が「現在形」なのだそうです。

たとえば「動物園に連れていってもらって，大きな動物を見ておもしろかった」とおじいさんに話すときに，

“I go zoo! I see big lion!”

(動物園に行く！ 大きなライオンを見る！)

と，ある子供は言ったそうです。

ジーナにも過去形のまちがいはありました。よくまちがえた例は，“-ed”をつけるべきでない動詞に“-ed”をつけて変な過去形を創作したものでした。

“Last time Papa ‘choosed’ a Chinese restaurant, so this time I want to choose the restaurant.”

(この前はパパが中華料理のお店を“選んだ”から今

度は私がレストランを決めるわ)

"I 'drawed' a picture."

(私は絵を"描いた")

"I 'catched' a cold."

(私はカゼを"ひいた")

正しい過去形は"chose","drew","caught"です。しかし,子供はこれらを「過去の事実だ」と認識しているので,まちがいと言ってしまうのはかわいそうです。ただ表現する段階で混乱しているだけです。

このようなまちがいは日本の人にも多く見られますね。知っているのについやってしまう「うっかりミス」だと思いますが,子供もよくまちがえますからあまり気にしないほうがいいでしょう。何度も使って慣れてしまえばまちがえなくなります。

次に未来形を見てみましょう。英語にはいくつかの未来をあらわす表現があります。

"I'm going out after lunch."

現在進行形を使って近い未来をあらわす場合。

"I'm going to go out after lunch."

"be going to"という,「未来をあらわす熟語」を使うもの。

"I'll go out after lunch."

未来をあらわす助動詞"will"を使ったもの,この3つです。

子供が未来形を使えるようになるのは,このはじめの例から覚えるのが一般的だと思います。

たとえば子供は，過去形の例と同じように未来のことでもはじめは現在形で言うので，その場でお母さんが直してあげるのに，はじめの例が一番やりやすいからです。

“I play with Jodi after lunch.”

（ランチのあとにジョディと遊ぶの）

と子供が言ったら，

“Oh, you're playing with Jodi after lunch!”

と言ってあげるのです。すると子供は，その場では無理でも自然に“I'm playing with...”という言い方をマスターします。

“will”を使った未来形は上の例よりは少し遅いですが，“will”をつければ未来をあらわすことができると知ったあとはどんどん使うはずです。

なお“will”についてはあとの章で詳しく説明します。

●始まりと終わりはよく知っている

では次に他の「時間」に関係のある言葉を子供がどう覚えるか見てみましょう。まず「順番」をあらわす，“first”（最初），“next”（次），“last”（最後）です。

プリスクールの先生が子供たちといっしょにする遊びに，一連の絵を見せてその順番を決めさせるというのがあります。

これは2歳から4歳ぐらいまでの子供を対象としたものですが，会話の例を示しましょう。

First the girl dug a hole.

Then she planted seeds.

Then she watered the little plants.

Last she picked the flowers.

（大人）"Which happened first?"
（子供）"First the girl dug a hole."
（大人）"Which happened next?"
（子供）"Then she planted seeds."
（大人）"Which happened next?"
（子供）"Then she watered the little plants."
（大人）"Which happened last?"
（子供）"Last she picked the flowers."

この時点で子供の心のなかに「ものの順序」という意識が芽生えているのがわかります。

また"first"と"last"は，運動会の結果を親に報告するときにも使います。

"I came in first in the race today, Tommy was last."
（今日競争で一番になったの，トミーはビリよ）

などの例がそうです。プリスクール段階で，これらの表現はほとんどの子供が使えるようになると思います。

さてもう少し始まりや終わりについて書きますが，プリスクールの子供たちは，"beginning"（始まり）や"end"，"ending"（終わり）などといった言葉も使えます。

子供にとって「終わりや始まりといった大げさな表現があてはまることがあるのか」とみなさんは思われるでしょうが，「毎日」が始まり，終わり，食事にも始まりと終わりがあります。

テレビ番組やお母さんが話してくれるお話にもありま

す。夕食の前にお祈り“Grace”をする家庭もありますし，食事が終わればテーブルをはなれることを他の人々に言います。

子供向けのテレビ番組では始めと終わりに聞きなれたテーマ音楽が流れますから，子供は次第に始まりと終わりという概念を身につけるようになります。

また子供の読む童話の最後には飾り文字で“THE END”と出ていますし，始まりには大文字のアルファベットが絵で装飾されています。

ジーナも自分で物語を作るときは，装飾文字で始まりや終わりを書きます。

●「前」と「あと」も子供には簡単

さて次に，“before”（前）と“after”（あと）についてちょっとお話しします。

子供が家のなかでこれらの言葉を聞く例をここでご紹介しましょう。

“Wash your hands before you come to the table for supper.”
(夕食のテーブルにつく前には手を洗いなさい)

“Brush your teeth before you go to bed.”
(寝る前には歯を磨きなさい)

“After lunch you can play with your friends.”
(お昼ごはんを食べたらお友だちと遊んでもいいわよ)

また，少し大きい子供に対しては，

"Come in before it gets dark!"
(暗くなる前にお家に入りなさい！)
と言うこともあるでしょう。
そしてやがて子供も自分で使うようになります。
"Will you read me a story before I go to bed?"
(寝る前に本を読んでくれる？)
"After my birthday, how old will I be?"
(お誕生日がきたら私は何歳になるの？)
"I want to play with Angie after school."
(学校が終わったらアンジーと遊びたい)
このように子供にとってはあまりむずかしくないようです。

●"while"のかわりに子供は"when"を使う

子供が"when"を使って「とき」をあらわすことができるようになるのは比較的早い時期です。
"when Daddy gets home"
(パパが帰ってきたら)
"when I learn to read"
(読むことを習ったら)
"when I grow up"
(大きくなったら)
"when it rains"
(雨が降ったら)
といった具合です。もう少し長い文章ですと,

とき」となりますから，日本人にはこれらのちがいがわかりにくいという話を聞いたことがあります。しかし厳密には英語に“when he was shaving”という「とき」はありません。

つまり，ヒゲを剃るという行為は始まりと終わりがあるので，「その途中に」という意味で“while”を使うほうが「自然」なのです。

だから，上の例は日本人にはおかしいと感じなくても，英語のネイティブ・スピーカーにはちょっと違和感があります。

しかし始まりと終わりがある行為にはすべて“while”を使うかというとそうでもないのが，英語のやっかいなポイントです。たとえば，

“While I was eating lunch, it started raining.”

(昼食を食べているとき，雨が降りだした)

というのはどうでしょうか。

もちろん，文法的には“while”が正しいのですが，大人でも“while”のかわりに“when”を使うことがよくあります。

なぜなのか？　これについてすべて説明しつくすことは私にはできませんが，ひとつには頻度の問題が考えられるでしょう。

つまりふだん“when I was eating lunch”と言う習慣があれば，“while”を使った表現より普通に思え，多くの人が“while he was shaving”と言っていれば，

"When it rains I like to jump in the puddles!"
(雨が降ったら，水たまりで遊ぶの！)
などの例があります。私も小さいとき，母に次のように言ったことがあります。
"When I grow up I'm going to jump on the beds!"
(大きくなったら，ベッドの上で飛び跳ねてやる！)
母は，私が「ベッドの上で飛び跳ねること」を厳しく禁じていたので，ある日すごく頭にきてこう言ってしまったのです。
ジーナも最近は "when" を使って，
"Tell me about when I was a baby."
(私が赤ちゃんだったときのことを話して)
などと言います。
また「とき」をあらわす言葉に，"while" (〜をしているあいだに) があります。この言葉はその行為が継続しているようなニュアンスを持っています。
しかし，小さい子供はその時間的に微妙な差がわからないので，はじめは "while" のかわりに "when" で言いあらわすようです。たとえば，
"Daddy cut himself while he was shaving."
(パパはヒゲを剃っているとき，顔を切っちゃった)
と言うべきところを子供は，
"Daddy cut himself 'when' he was shaving."
と言ってしまいます。
これは日本語にすると，どちらも「ヒゲを剃っている

PART 2

Little Words

Adjectives

Quantities & Distances

Feelings

Time Concepts & Frequency

Modals & Conditionals

しかし小さな子供は「大きくなったら」とか「なれたらいいな」とかではなく，その日から「あるもの」になりきってしまうことがあります。

ジーナも2歳のときにシンデレラのお話に影響され，自分もシンデレラになると言い出しました。そして，

"I became Cinderella from now on!"

（私はいまからシンデレラになるわ！）

と宣言し，「なりたい」ではなく本当になってしまったのです。

誰かがジーナに向かって "Gina" などと呼びかけようものなら，すごいけんまくで怒って，

"I'm not Gina! I'm Cinderella!"

（私はジーナじゃない！　シンデレラよ！）

と言って，髪をうしろに振って見せたものです。このシンデレラの時期（Cinderella period）に，彼女は家のことをいろいろとお手伝いしてくれました。

そしてシンデレラになりきってこう言うのです。

"All I do is work, work, work! When do I go to the ball?"

（私はずーっと働きどおし，いつ舞踏会に行けるの？）

ただ一番おもしろかったのは，夫が彼女の名前を正確に発音できないので，ジーナがいつもイライラしていたことです。私の夫は日本人なので "Ci" の発音がむずかしいらしく，また "r" と "l" をとりちがえ，ジーナに向かって，

"Shindarera! Shindarera!"

と呼んでいたのでした。

さて"wish"という言葉にもどりますが，童話にはこの言葉がよく出てきます。アラジンのランプから出てきた妖精"genie"は"three wishes"（3つの願い）をかなえてあげると言います。

また子供は，"wishing well"（願いの泉）にコインを投げるとき，バースディケーキのろうそくの火を吹き消すとき，"wishing star"を見たときなどに願いごとをします。

"wishing star"とは，夕方，一番最初に輝きだす星のことです。その星を見たら願いごとをしてこう言います。

"Star light, Star bright,
the first star I see tonight.
I wish I may, I wish I might,
have this wish I wish tonight."
（星よ、星よ、夜空に輝く一番星よ、
どうか私の願いをかなえておくれ）

●"I hope"，"I guess"はどう使うか

"I think"，"I wish"の他にも，子供は"I hope"や"I guess"を使って表現することがあります。"I hope"を使った例だと，

"I hope Santa brings me lots of presents!"

（サンタさんがたくさんプレゼントをくれるといい

な！）

"I hope the 'Tooth Fairy' comes tonight."

（「歯の妖精」が今夜くるといいな）

などがあります。

この 'Tooth Fairy' というのは，子供の乳歯が抜けたときにその歯をまくらの下に入れて眠ると，夜中にやってきて歯を持っていき，かわりにお金を置いていってくれる妖精のことです。

ジーナの前歯が生えかわるころ，私たち一家は箱根（はこね）を旅行していました。旅行の前にすでに１本は抜けていたのですが，もう１本もいまにも落ちそうな状態でした。

私たちはホテルに泊まっていて，そのホテルにはプールがありました。ジーナは泳ぐのが大好きで，水が冷たくても泳ぎたがります。

雨降りでとても寒い日だったのですが，彼女がどうしてもと言うので，ホテルのプールに連れていきました。もちろんプールにいたのは私たちだけです。私はプールサイドにいて，ジーナが水に飛び込んだりして楽しそうに泳ぎまわるのを震えながら見ていました。

彼女が泳ぎ終わってプールから上がろうと私のほうへ泳いできたとき，「事件」が起こりました。私はジーナが水から上がるのを助けてあげようと一歩前に踏み出したのですが，そのときうかつにも転んでしまい，足で彼女の顔を蹴飛ばしてしまったのです。

ジーナはまた水に落ち，ジーナの前歯がプールの底に

沈んでしまいました。ジーナは泣きわめきました。それは痛いからではありませんでした。彼女は，

"How can the 'Tooth Fairy' leave my money under my pillow if the tooth is at the bottom of the pool!"

（歯がプールの底に沈んじゃって，どうやって「歯の妖精」がまくらの下にお金を置いていくのよ！）

と言ったのです。

私は結局ゴーグルをつけて冷たいプールに入り，ジーナの歯を探すハメになりました。

さて日本人は「～と思う」という場合，"I think" を使う人が多いようですが，アメリカの子供は "I think" よりもカジュアルな "I guess" をよく使います。ジーナもよく使います。

"I guess you'll say no, but......can I watch a video?"

（ダメだって言うと思うけど……ビデオ見てもいい？）

私はジーナに週1回しかビデオを見せませんから，ジーナはよくこう言っておねだりをします。ですが，私はジーナには友だちと遊んだり，本を読んだりする時間を増やしてほしいと思っていますから，私の答えは常に "No." なのです。

● "I wonder"，"I suppose" のニュアンス

"I wonder" も子供がよく使う言葉です。

"I wonder what I'll get for my birthday."

（お誕生日には何がもらえるかしら）

Chapter 4

Little Words

冠詞・前置詞・接続詞

●子供は“yes”より“no”を先に覚える

「アメリカの子供は“yes”より“no”を先に覚えますか？」

私は日本の人に何度かこのように聞かれたことがあります。その人たちによると，日本でも子供は一般に「うん」や「はい」より，「やだ」「ない」「ダメ」などの否定語を先に覚えるとのことでした。

英語でもそのような傾向はありますが，子供というのはワガママなものですから，どこの国の言葉でも調査をすると同じような答えになるのではないでしょうか。

しかしジーナの小さいころのことを考えると，「話す」ということではなく「理解する」という点では，“yes”“no”は同時期だったと思います。

ここで指摘したいのですが，日本の人は「いいえ」が“no”で「はい」が“yes”と覚えるようです。が，アメリカではこの理解のしかたはあてはまりません。

これは私の考えですが，英語に関して言えば，同時期に理解するのに使いだすのは“no”のほうが早いのは，最近のアメリカ人が正式な場でないと“yes”という言葉を使わないことが理由のひとつではないかと思います。

アメリカ人はふだんの会話では“yes”のかわりに，

“yeah”“yup”“yep”

と言うか，あるいは，

“uh－huh”“mmm－hmm”

とうなずきながら言います。他にも，

“okay”“alright”“sure”“of course”“why not?”

など，“yes”を意味する言葉にはさまざまなバリエーションがあります。しかし“no”の場合はたいてい“no”で答えられ，せいぜい少数の人が“nope”という言い方をするだけです。

だから，子供ははじめに“no”を言うことを覚えますが，“yes”を覚える前に“okay”を使えるようになります。

またもうひとつ，「“no”は子供がしょっちゅう聞く言葉だから早く覚える」とも言えると思います。親が子供を叱るときや，子供に危険を知らせるときによく“no”を使うのです。

たとえば子供がストーブに近づこうとしていたら，

“No! Hot! Don't touch!”

（ダメ！　熱いからさわっちゃダメよ！）

とお母さんは強い調子で言います。また，子供がネコのシッポを引っ張っていたら，

“when he was shaving” は変に聞こえます。……やっぱり “when he was shaving” は，私には変に思えてなりません。もうこれはその人の感覚の問題ですね。

文脈によってはこの説明があてはまらない場合もありますが，どちらにしろ子供にとっては些細（ささい）な問題のようです。だから “while” を正しく使うには，子供が小学校に入るまではむずかしいかもしれません。

●「あとで」はどれくらい「あと」か

子供は「いま」や「すぐ」「あとで」という言葉，つまり “now”, “right now”, “right away”, “later” などは容易にわかります。なぜなら，しょっちゅうお母さんに言われるからです。

“Come here right now!”
（いますぐここにいらっしゃい！）
“Stop that right now!”
（[すぐに] やめなさい！）
“We have to go shopping <u>now</u>, you can play <u>later</u>.”
（いまからお買い物に行くの，あとで遊びなさい）

などの例です。

ところで，“later” は日本語では「あとで」という意味になりますが，どれくらい「あと」か，みなさんはご存じでしょうか？

大人はさまざまな文脈で話しますから「ちょっとあと」の場合もありますし，「2日後」のこともあるでしょう。

しかし，子供の認識では“later”は「すごくあと」であり，ときには「数時間あと」です。「2日後」は子供にとってもはや“later”ではなく，遠い遠い先の話になるのです。

たとえば「少しあと」のことを母親が言う場合には，“in just a minute”あるいは“in a few minutes”と言います。

“just a minute”という表現はよく使われる表現ですが，お母さんがその約束を守らないことだってあります。そんなとき子供は，

“How long is a minute exactly?”

（1分ってどれくらい？）

と言って怒ります。

では次に，“now”より少しはばのある“soon”（もうすぐ）と“almost”（ほとんど）を見てみましょう。これらは家庭では同じような意味で使われます。

夕食の準備がもうすぐできると言うときには，

“Dinner will be ready soon.”

“Dinner is almost ready.”

の両方が可能なわけです。また，もうすぐ出かけるという場合も，

“We're leaving soon.”

“It's almost time to go.”

で，どちらもだいたい同じ意味になります。ただ厳密に言うと，“soon”は「いま」の時点から見て言ってい

るのに対し，“almost” は「先」の時点から見た表現と言うことができます。

しかしどちらもほとんど同じ意味で，どちらを使うかは好みの問題と言えるでしょう。つまり “soon” を好んで使う人と，“almost” の形を好んで使う人がいるということです。当然子供も，お母さんがよく使うパターンを早く覚えることでしょう。

だから，

“Is it almost my birthday?”

と言う子供と，

“Is my birthday coming soon?”

と言う子供が出てくるわけです。

●子供は「もう１回」「もう１個」が好き

繰り返しをあらわす言葉に “again”，“one more time”，“once more” などがあります。公園などでこのように子供が叫んでいるのを聞くことができるでしょう。

“Just once more!”

“Just one more time!”

親が家に子供を連れて帰ろうとしているときに，子供はこう言います。

いつ，誰の言葉をまねして覚えたのかはハッキリしませんが，ジーナが２歳のときに “one more” を使った例をご紹介しましょう。

私がシチューを作ろうとしていると，ジーナが台所にきて手伝ってくれると言うので，私は彼女に野菜カゴから野菜を手渡してもらうことにしました。

はじめにジーナにニンジンをとってくれるように言うと，彼女はちゃんとニンジンをとることができました。私がそのニンジンを洗って次の野菜を考えていると，突然ジーナが“One more!”と叫んでニンジンをもう1本くれたのです。

彼女は自分主導で料理を作っている気分になったらしく，私が2本目のニンジンを洗い終わるとすかさず“One more!”とえらそうに言って，またニンジンを渡すのです。

とうとうニンジンがなくなったので，次の野菜にうつったのですが，この「“One more!”攻撃」は果てしなく続き，できあがったシチューは私が考えていたよりもはるかに量が多くなってしまいました。

でもジーナは自分が作ったとでも言いたげに，ニコニコと機嫌よくシチューを食べました。

話は少し英語からそれますが，アメリカ人の親は子供が自分からお手伝いをするのはとても良いことだと思っています。そして，家族が協力しあって生活することの大切さを子供に知ってほしいと思っています。

ジーナはいまでもよく家のことを自分から手伝ってくれますが，最近こんな事件がありました。

実は主人が少しのあいだ失業していたのですが，ジーナはそれを心配して，助けてくれようとしたのです。

そのころちょうどジーナは，ピアノのレッスンをやめたがっていました。私はやめることを了解し，彼女に「今度のレッスンのときにやめるって先生に言いなさい」と言いました。そのとき私はついていきませんでした。

そして何事もなくジーナが最後のピアノのレッスンを受けたと私は信じていました。

ところが，ピアノの先生は私の友だちの友だちなのですが，私の友人によると，ジーナは「自分がレッスンをやめたくなった」とは言わずこう言ったのだそうです。

"My Papa doesn't have a job and my Mama doesn't have a job, so I have to go out to work as a model to make money for the family."

（パパは仕事がなくって，ママも仕事がないから，私はモデルになって家族を養わなくっちゃいけないの）

私はそれを聞いてひっくりかえりました。しかしジーナはたしかにそのころ私たちをなんとか助けようと思っていたのです。彼女は自分のおもちゃを売ってもいいとさえ言いました。

だからその気持ちに免じて私は許してあげることにしました。大事なのは "help" の精神なのです。

● "another" と "the other" のちがい

私はよく，「アメリカの子供は "another" と "the other" の使い方をまちがえるか」という質問を受けます。これらは両方とも「他の～」と訳されます。英語圏以外の人にはこのちがいはよくわからないかもしれませんが，アメリカの子供にとってはそれほどでもないようです。

“I want another, Mother” というタイトルの子供の本があります。

お母さんネズミが子ネズミにおやすみのキスをします。すると子ネズミは，

“I want another, Mother”

と言います。お母さんネズミは子ネズミが「別のお母さん」が欲しいのだと思いました。そこでお母さんネズミはアヒルのお母さんとニワトリのお母さんを呼んできましたが，子ネズミは満足しません。

最後には子ネズミが欲しがっていたものは，

“another Mother”

（他のお母さん）

ではなく，

“another KISS, Mother”

（キスをもう1回）

だったことがわかるのです。

つまり “another” のあとには名詞がくるのが普通で，それで「他の～」という意味になります。だからネズミのお母さんは「他の母親」が欲しいのだと勘ちがいしてしまうのです。

しかし “the other” の場合は，“the” がついていることでもわかるように，話し手も聞き手もそのことが何な

のか知っています。

だから“the other”は「その別のやつ」という意味なのに対し，“another”には「もう1回」「もうひとつ」というニュアンスがあると言うことができます。

ちなみに「48時間」（“48 hours”）という映画がありましたが，そのパート2の原題が何だか知っていますか？

実は“Another 48 hours”なのです。「またまた」とか「もう1回」という意味が感じられますね。

こうなると，「他の～」は“another”が「3つ以上のとき」で“the other”が「2つのとき」という日本人的覚え方はちょっとちがうような気がしてきます。

●すでに，まだ，いつも，ときどき

小さい子供は，自分の親は何でも知っていると思っています。でもときには私もジーナがすでにしたことを知らずに，彼女に何かを命令するときがあります。

そんなときジーナは髪を振り乱して怒ります。たとえばジーナに「部屋のおもちゃを片づけなさい」と言うと，彼女は怒った顔で，

“I ALREADY did it!”

（もうやったわよ！）

と言います。また朝ジーナを起こそうと思い，

“Wake up, Gina!”

（ジーナ，起きなさい！）

と言いながら部屋に入ると，

“I'm already awake, or I wouldn't be able to answer you, silly!”

（もう起きているわ，じゃなきゃ返事できないでしょう，バカ！）

と言ったりします。

バカと言われるのは気持ちの良いことではありませんが，とにかくジーナは “already”（すでに）をこんなふうに使います。

日本のみなさんが，学校で “already” と同じ時期に習うのが “yet”（まだ）です。これも，プリスクールの子供たちは好んで使います。

“Is it time for lunch yet? I'm hungry!”

（まだ，お昼じゃないの？ お腹空いちゃったよ！）

その他の表現もあります。

“Aren't you ready yet?”

（まだ準備できないの？）

“Not yet.”

（まだだよ）

さて次は，頻度に関係のある言葉 “always”（いつも），“usually”（よく），“often”（しばしば），“sometimes”（ときどき），“rarely”（めったに），“never”（全然）などを見てみましょう。このなかで子供がよく使うのは，“always” と “never” でしょう。

アメリカ人にはものごとを大げさに言う傾向がありま

す。たとえば,

"I always play tennis on Sunday."

(私は日曜日にはいつもテニスをしている)

などと言いますが，雨が降ってできないこともあるでしょうから "usually" と言うのが正確です。

また,

"I never eat chocolate, I'm on a diet."

(チョコレートは一切食べない，ダイエット中なの)

と言っても，誘惑に負けて食べてしまうことだってありますから，正確ではありませんね。

しかし，子供はもっと「大げさ」です。

"You never take us to the beach!"

(全然海に連れていってくれない！)

"You always make me eat my vegetables!"

(いつも野菜ばっかり食べさせる！)

"You always say 'no', you never say 'yes'!"

(いつも「ダメダメ」，ちっとも「うん」って言わない！)

などと子供はよく言います。でも実際はそうでないことが多いものです。

次に子供がよく使うのは "sometimes" です。これは大人がよく使いますし，あいまいで便利な言葉なので子供もすぐに覚えてしまうのでしょう。

同じように頻度をあらわす "usually" や "often" よりもよく使います。ところが子供が大きくなるにつれて,

“usually” や “often” といった，より細かい表現が会話のなかに多くなります。

さて，“rarely” ですが，これは文語調の言葉なので大人でもアメリカ口語ではほとんど使いません。そのかわりに使われるのが “almost never”，“not very often” です。このように言葉の数が多い表現ほど口語的と言えるかもしれません。

【コラム⑤ tongue twisters】

●アメリカの早口言葉

日本にはたくさんのむずかしい早口言葉があり，私などはまったくできませんが，アメリカにも子供や外国人の発音練習用の早口言葉“tongue twister”があります。これもなかなかむずかしいものです。

ここに少し例がありますのでご紹介しましょう。

“Santa saves soft snow.”
(サンタはやわらかい雪を集めてる)
“People pick pink peas.”
(みんなはピンクの豆をつんでる)
“Eight apes ate eight apples.”
(8匹の猿が8つのリンゴを食べちゃった)
“Big black bugs bleed blood.”
(大きな黒い虫たちが血を流してる)

これらは比較的短いものですが，もっと長いものもあります。

“Little Larry loved his leaping lizards.”
(小さなラリーは彼のビックリトカゲが大好き)
“Fred's friend found five funny frogs from France.”

（フレッドの友だちは５匹のおかしなフランス蛙を見つけた）

"Peter Piper picked a peck of pickled peppers."

（ピーター・パイパーは１ペックの酢漬けのペッパーを選んだ）

"She sells seashells down by the seashore."

（彼女は海辺で貝殻を売っている）

もっと長いものもあるそうですが，残念ながら私が知っているのはこれくらいです。みなさんはうまく発音できましたか？

Chapter 9

Modals & Conditionals

助動詞・条件法

●“Can I...?” は “May I...?” よりもカジュアル

アメリカ人の子供は，クリスマスになるとサンタクロースに「プレゼントを下さい」と手紙を書きます。手紙がかけないような小さな子供でもサンタさんにお願いをします。「どうするのか」ですって？ アメリカではクリスマスが近くなると，大きなデパートにサンタさんがあらわれるのです。子供は順番に並んで大きなイスに座ったサンタさんのヒザの上に座り，何が欲しいのかを言います。

そのときの写真をとってくれるカメラマンまでいるところもあります。そしてその写真を毎年撮る習慣のある家族もあります。私の両親も私と妹のために写真を残してくれています。

ジーナが3歳のとき私たちはそのような列に並びましたが，ここで事件が起こったのです。そばにいた年配の女性がジーナに聞きました。

“And what are you going to ask Santa for?”

（あなたはサンタさんに何をお願いするの？）

12/65
1st grad

CABLE ADDRESS
"GRANDHOTEL" HIROSHIMA

TEL. (082) 227—1313
TELEX. 652—666

HIROSHIMA GRAND HOTEL

Dear Santa,
I am good.
I am a girl. I am 6.
and I like you.
Do you ever fall out of
the sleigh when the
reindeers go too fast?
How Do you make the
reindeers fly? Does
~~your~~ your nose
ever run?

ジーナ（1年生）が書いたサンタへの手紙

CABLE ADDRESS
"GRANDHOTEL" HIROSHIMA

TEL. (082) 227—1313
TELEX. 652—666

HIROSHIMA GRAND HOTEL

Please give me the

things I want

Flutterina
Tonge Lasher I
kyonshi Doll
the Jemdoll with blue hair

Gina Shiatani

I will be in usa

訳：サンタさんへ。私はいい子です。女の子です。6歳です。そして，あなたが大好きです。トナカイがスピードを出しすぎて，ソリから落っこちたことはありますか？　どうやってトナカイをお空に飛ばしているの？　鼻水がたれることはありますか？　プレゼントをください。私がほしいのは，フラテリーナ，タンラッシャー（いずれも人形），キョンシー人形，青い髪の毛のジェム人形です。

ジーナ塩谷

私は（クリスマスには）アメリカにいます

するとジーナは顔を輝かせて，

“Something I always wanted! A cookie!”

（私がいつも欲しいと思っているもの！　クッキーよ！）

その女性は憐れむような顔でジーナを見て，私はとてもはずかしくなりました。

彼女は，私たちより先に自分の孫の番が終わったかと思うとすぐにいなくなり，手にクッキーの小さな包みを持って，いそいで私たちのところに戻ってきました。

私はア然としました。私たちがあまりにも貧しく，ジーナにクッキーも買ってあげられないのだと思われたのです。

私はジーナにクッキーを決して与えませんでしたが，それは貧しいからではなく，クッキーはジャンク・フードだと思っていたからです。

ジーナはそのプレゼントに喜び，その女性もいいことをしたと満足げでしたが，一番悲惨だったのは私です。「貧乏な人」と見られて頭にきましたが，結局私が折れ，ジーナにクッキーを食べさせました。

しかし幸運なことに，彼女はそのクッキーをそれほどおいしいと感じなかったらしく，ひとつだけ食べてクッキーへの興味を失ってしまいました。

話が長くなってしまいましたが，そろそろ英語の話に入りましょう。とにかくジーナに言わせると，私はとても厳しい母親なのだそうです。彼女は日本人のお母さんと比べてそう言うのでしょう。

また私や他のアメリカ人のお母さんは，子供のテレビを見る時間や番組を厳しく制限します。

私たちがアメリカに住んでいたころは，“Mr. Rogers”やセサミ・ストリート，自然関係の番組などの「教育もの」しかジーナに見せませんでした。私だって子供のころはそうでした。でも大人になったら好きなものを見ることができます。

アメリカにいたころ，私はジーナが寝たあとでこっそりと探偵ものの番組“Murder She Wrote”（ジェシカおばさんの事件簿）をよく見ていました。

ジーナはそれを知っていてときどき，

“Can I stay up and watch ‘Murder She Wrote’ with you?”

（もうちょっと起きていて「ジェシカおばさん」見ていい？）

と聞きました。もちろん私の答えはいつも，

“No, you have to go to bed now.”

（ダメ，いますぐ寝なさい）

でした。そこでジーナはある日新しい作戦できました。

“Mama, can I watch ‘Murder She Wrote’? It’s educational!”

（ママ，「ジェシカおばさん」見ていい？　これ教育ものよ！）

“Educational? How is it educational?”

（教育もの？　どこが教育ものなの？）

するとジーナはこう言いました。
“I can learn a lot about murder!”
(「殺人」についていろいろ勉強になるわ！)
これには参ってしまいましたが，やっぱりジーナには見せてあげませんでした。
最近ではビデオについても同じようなやりとりがありました。ジーナは週に1本だけ週末にビデオを見てもいいことになっていますが，平日に，
“Probably you'll say no, but can I watch a video?”
(ダメっていうと思うけど，ビデオ見ていい？)
と聞いたのです。私はもちろん，
“Wait until the weekend.”
(週末まで待ちなさい)
と答えました。
助動詞“can”は基本的には「できる」という能力をあらわしますが，子供は上の例のように“Can I...?”を使って「了解」を得ようとします。これは大人も一般的に使いますが，厳密にはインフォーマルな用法です。
“Can I go out?”
(出かけてもいい？)
“Can I have a candy?”
(キャンディくれる？)
などと子供はよく言いますが，ていねいに言うときは“May I...?”を使うべきで，学校や厳格な家ではこう言うよう子供にしつけます。“may”と“can”の正しい用法

は，アメリカでは小学校の２年生で習います。

また，“may” には「かもしれない」という推量の意味もあります。

“We may get home late.”

(家に帰るのが遅くなるかもしれない)

などがその例です。

しかし，子供をふくめ多くのアメリカ人はよく，

“We might get home late.”

と過去形で言います。

厳密に言うと，“might” は条件法のなかで使われるのが正しい用法ですが，普通の文で “may” を “might” に置き換えると若干(じゃっかん)あいまいな感じになります。

アメリカの子供たちは，たとえば次のように “may” を “might” に置き換えて使います。

“Can you come over (to) my house tomorrow?”

(明日，家に遊びに来る？)

“I don't know. I might be able to, but I might not. I might have to go to Grandma's house with my parents.”

(さあ，行けるかもしれないし，行けないかもしれない。親といっしょにおばあちゃん家に行くかもしれないの)

“If you come tomorrow, my Mom says you might be able to sleep over.”

(もし明日来れたらママが泊まってもいいって言って

るの)

これは小学校に行っている年代の子供がよくする会話です。

ちなみに,

"If I had enough time, I might study Japanese."

(時間があったら,日本語を勉強するんだけど)

これが条件法の言い方です。

●"will"は短縮,"shall"は消滅?

さて,次は助動詞"will"についてですが,プリスクールに通う子供でも"will"を使って未来をあらわすことができます。しかし形としては"I'll..."という短縮形になります。

"I'll be your helper, Mommy."

(ママ,助けてあげるわ)

"I'll be right back."

(すぐに戻るわ)

"I'll see you later."

(またね,サヨナラ)

などです。しかし最後の2例は子供はフレーズで「かたまり」として覚えてしまいますから,「未来」と自覚しているかどうかは定かではありません。

特に,"I'll see you later."は前を省略して"See you later."と言うことが多いですから,おそらく決まり文句として子供は覚えているだけだと思います。

ところで少し脱線しますが，子供たちのおかしなサヨナラの言い方をご存じですか？

“See you later, alligator.”

“See you in a while, crocodile.”

“See you soon, racoon.”

これらは「サヨナラ」のバリエーションの最後の音に引っかけて，動物の名前をくっつけたものです。アメリカ映画のなかで，子供がたまにこんなふうに言っていますから，今度気をつけて見てみてください。

さて“will”にもどりますが，子供は“will”を使って質問の形を組み立てることもできます。

“Will Santa be coming soon, Mommy?”

（ママ，サンタさんはもうすぐ来るの？）

また“Will you...?”（～してくれる？）の形を使って「お願い」をすることもできます。

“Will you buy me a puppy?”

（ワンちゃん買ってくれる？）

などです。

さて日本のみなさんが，英語の時間に“Will you...?”と同時期に習うのが“Shall I...?”（しましょうか？）ですが，これはアメリカでは最近使う人が少ないようです。

もちろんていねいな言葉づかいを心がけている人は使います。

“Shall I open the window for you?”

（窓を開けましょうか？）

のように協力を申し出る場合や,

"Shall we go?"

(行きましょうか?)

のように提案する場合です。

しかし子供の場合はもっと直截に表現します。上の例では小さい子供の場合,

"I'll open the window!"

(ボクが窓を開けるよ!)

ですし,少し大きくなると,

"Do you want me to open the window for you?"

(窓を開けてほしいかい?)

です。

下の例では単に,

"Let's go!"

(行こう!)

となってしまいます。

言葉というものは常に変化します。たとえば,大人が"shall"を使わなくなれば子供も使わなくなりますし,それを他に言い換えて使っていれば,次第に言葉はそちらに流れます。

特に名詞には「死語」が多いようです。アメリカ人のお年寄りは冷蔵庫のことを"ice box"と言いますが,いまでは"refrigerator"が一般的で,お年寄りたちと共にこの言葉も口語ではいつかなくなるのかもしれません。

●"had better"の恐ろしい意味？

しかしながら"shall"の過去形の"should"はまだ十分に生きています。が，これは文字通り過去をあらわすのではなく"ought to"，"had better"などとだいたい同じような意味「～すべき」になります。

これら3つのなかで，子供が一番よく使うのは"had better"です。有名な，"Santa Claus is Coming to Town"という歌のなかにも出てきます。

"You'd better watch out,
you'd better not cry,
you'd better not pout,
I'm telling you why,
Santa Claus is coming to town."

しかし，なぜか子供はよくこの"d"を省略しますから，この歌を歌うときには，

"Ya better watch out..."

となります。また，

"I better go home."

(帰らなくちゃ)

などと言うこともあります。省略と言えば，"ought to"はよく"outta"と短縮されて使われます。

"Ya outta tell the teacher!"

(先生に言ったほうがいいよ！)

"We outta be quiet in the library."

(図書館では静かにしなくちゃ)

日本では“had better”も“ought to”も「〜したほうがよい」「〜するべきだ」と覚えるようですが，実はこの２つは英語では少しニュアンスがちがうのです。

“had better”はしばしば，その文のあとに“or else...”（さもなければ……）が続きます。たとえば，お母さんが子供をちょっとおどかす場合の例をあげましょう。

“You'd better behave in the restaurant, or else no dessert!”

（レストランではいい子にするのよ，じゃなきゃデザートは抜き！）

これは“or else”がつかない場合でも，そのニュアンスは“had better”の文にふくまれていると言えます。

子供が友だちに，

“I better go home.”

（帰らなくちゃ）

と言うときには，子供の頭のなかには，

“...or else my mother will be angry with me for being late.”

（じゃないとお母さんに叱られる）

という「考え」があるのかもしれませんし，

“...or else it may get dark and I'll be scared.”

（じゃないと暗くなって怖いよ）

と思っているかもしれません。

どちらにしろ，“had better”には「〜したほうがよい……さもないと……」というふくみがあるのです。

You'd better behave
in the restaurant,
or else no dessert!

また相手に対して，“You'd better...”を使って提案することもありますが，これも相手のためを思って「さもないと悪い結果になるよ」という意味で使うのです。

●“must”が形式ばって聞こえる理由

「～するべきだ」「～しなければならい」と言うときの“should”，“must”をよりくだけた調子にすると，“have to”や“have got to”になります。

たとえば，大人が，

“You must be joking!”

（冗談でしょう！）

と言うところを，子供は，

“You gotta be kidding!”

[You've got to be kidding!]

と言います。表現がくだけているかいないかのちがいがありますが，意味はほとんど同じです。

子供はこの“have to”や“have got to”を非常によく使います。たとえば自分のイヤなことを親から強要されたり，うるさいことを言われたときには，

“I gotta go!”

と言って逃げますし，嫌いなものを食べるように言われると，

“Do I have to?”

（どうしても？）

と聞きます。

しかしながら“have to”は，アメリカでは大人のあいだでもよく使われます。

日本の教科書では，“must”と“have to”がまったく同じ意味であるかのように書いているものもあるようですが，アメリカ人には“must”はやや形式的な言葉だという感覚があります。

たとえば，教会の神父さんが，

“We must pray to God for his forgiveness.”

（我々は神にゆるしを請わねばならない）

と言い，政治家の宣伝文句に，

“We must feed the poor!”

（貧しい人に食べ物を与えねばならない！）

“We must stamp out crime!”

（犯罪を撲滅しなければならない！）

などとあるように，とても形式的な感じを持っているからです。

●条件法で子供は親と「取り引き」

助動詞の過去形は条件法で使われると書きましたが，ここでは条件法の話をしましょう。条件法は，“if”で導かれるのがもっとも一般的な形です。

アメリカでは条件法は時制によって“Conditional Ⅰ, Ⅱ, Ⅲ”と分かれています。Ⅰは未来のことについて話す場合です。未来のことはわかりませんから，そのことが起こりうる可能性はあるわけです。

他の条件法Ⅱ，Ⅲは，実際に起こりえないことをあらわす仮定や，過去に失敗に終わったことを述べるので複雑ですから，子供にはほとんど理解できませんが，Ⅰは簡単で子供にも理解できます。

ここで子供が家のなかで聞く例をご紹介しましょう。子供が夕食前にアイスクリームを欲しがったとしましょう。お母さんは，

"No ice cream before dinner!"

（夕食前にアイスクリームはいけません！）

と答えます。それから以下のような会話が展開されます。

"Why not?"

（どうして？）

"If you eat ice cream now，you may be too full to eat your dinner."

（いまアイスクリームを食べるとお腹がいっぱいになって，夕食が食べられなくなるでしょう）

"No, I won't. I'll eat my dinner，too!"

（そんなことない，ちゃんとごはんも食べる！）

このように，子供は大人の使う条件法をちゃんと理解することができますが，自分で使うようになるのは少し大きくなってからです。しかしそれまでに親が使う条件法の言い回しを，子供はたくさん聞くことでしょう。

親は子供に注意を与えるとき，小さい子供には"Don't do...!"（～してはダメ！）と言っていても，子供の成長

にしたがい "If you do..."（もし～すると……）というふうに，子供がその理由をわかるように説明しようと努力するからです。

たとえば，

"If you spin around on the swing like that, you may get sick."

（ブランコでそんなにグルグル回ると，気持ち悪くなるわよ）

"If you throw sand, it may get into your friends' eyes and hurt."

（砂をなげるとお友だちの目に入って痛いでしょう）

"If you go too close to the water, you may fall in!"

（水に近づきすぎると落っこちるわよ）

などの例がそうです。

次は「注意」ではありませんが，"if" を使った表現のひとつです。

"If you're very good, Santa may bring you a nice present."

（いい子にしていると，サンタさんがステキなプレゼントをくれるわよ）

以上の例はあとの節に "may" を使ってやわらかく表現していますが，もっと強い調子で子供に言うお母さんは "may" のかわりに "will" を使います。

"If you spin around on the swing like that, you'll get sick!"

"If you're very good, Santa will bring you a nice present!"

などと言います。"may" と "will" を入れ換えただけで，とても強い調子に変わります。しかもこの最後の文を見てください。これは一種の「買収」と言えなくもありません。

プリスクールの子供がどのように条件法を使いだすかというと，実はこの部分をちゃっかりと応用して，おねだりするのです。

"If you give me a cookie, I'll put my toys away!"

（クッキーをくれたら，おもちゃを片づけるわ！）

"I'll be good, if you let me watch cartoons!"

（マンガを見てもいいなら，いい子にするわ！）

子供は自分に都合のいい言い回しはすぐに覚えるものですが，このようにして子供は条件法を使い始めます。

●子供にもむずかしい仮定法

条件法のⅡ（仮定法）は，現在のことを言う場合であり得ない状況を言うときに使われますが，これもプリスクールの子供は使おうと試みます。

古典的な例で言うと，

"If I were a bird, I could fly."

（もし私が鳥だったら空を飛べるのになぁ）

というのがあります。また，"I wish I were..."（私は～だったらいいのに）の例もあります。

小さい子供でもこれらを使って何かを言おうとしますが，子供はよく，

“I wish I ‘was’ a princess.”

（私がお姫様だったらなぁ）

のように，“were” のかわりに “was” を使います。これは厳密に言うとまちがいですが，子供にとっては “I was...” と言うほうが自然に思えるのでしょう。実はこれは大人もよくまちがえるところなので，英語ではそのうち，“I wish I were...” という正しい使い方がなくなってしまうのではないかとさえ思います。

さて条件法のⅢ（これも仮定法）は，子供にとっては理解するのも表現するのもむずかしいようです。

たとえば，条件法のⅢにあてはまるこんな表現があります。これは大人の例です。

“If it hadn’t rained yesterday, we would have gone on a picnic.”

（昨日，雨が降らなかったらピクニックに行けたのに）

しかし子供はこう言うかわりに，

“If it didn’t rain yesterday, we would go on a picnic.”

あるいは，

“If it didn’t rain yesterday, we would’ve went on a picnic.”

と言います。

このように子供は動詞のところでつまずいてしまうのですが，子供は大人の例と同じことを言っているつもり

なのです。

英語のシステムとして“would have gone”を聞いたとたんに「結果として行かなかった」という意味が相手に伝わるようになっているのですが，子供にはまだ複雑すぎてムリなのです。

また大人なら次のようなことを言うかもしれません。

“If I had studied harder in school, I could have gotten a better-paying job.”

（もし学校でもっと勉強していれば，いまより給料のいい職につけたのに）

ここでわかるのは「いまこの人はあまりいい給料をもらってない」ということです。しかしだからと言ってその理由があまり勉強しなかったからとは言い切れません。またかりによく勉強していたとしても，いまいい給料をもらえるという保証も一般的にはないものです。

だからこれは話し手の一種の「思い込み」であるわけで，そこまで汲み取って理解しなければならない複雑さが，子供あるいは外国人にはむずかしいのではないかと私は思います。

最後に私の例をひとつ。

“If I hadn't come to Japan, I would never have met my husband!”

（私が日本に来ていなければ，主人に会うことはなかったでしょう！）

Epilogue
おわりに

アメリカ人がよく言うフレーズに，

“That’s not fair!”

があります。アメリカ人は「フェアかフェアじゃないか」をいつも問題にし，「フェア」じゃないことに対しては本気で怒ります。

子供も同じようにこの言葉をよく使います。特にプリスクールや複数の小さい子供のいる家庭では，一日に何度も聞かれます。子供がいつでも他の子と同等に扱ってほしいと思っていることもありますが，これは一種のアメリカ人特有の「感覚」「意識」と言えます。

言葉を勉強するにも，そのようなその国独特の「考え方」を前もって知っておくと，覚えるのがよりスムーズになると思います。

もちろんその国に実際に住み，生活することが一番いいのですが，それができない人に，少しでもアメリカ人の「感覚」のようなものをこの本を通して知ってもらえればと私は思いました。それには子供の例が適当なのではないかと考えたわけです。

しかしやはりアメリカ人といっても，当たり前ですが個人差はあります。私と5歳年下の妹を比べても，子供のころから全然性格がちがいます。姉妹や兄弟にはよくあることですが，年上だったせいか私のほうが保守的でおとなしかったのです。

毎年クリスマスになると書いていたサンタへの手紙も正反対です。私はよく考えたうえで，そのときに一番欲しいものをたったひとつ手紙に書きました。ところが妹は，欲しいものを20個ぐらい並べたてました（ちなみに娘のジーナも5～6個書きます）。

さてクリスマスの朝になり，私たちがプレゼントのところに飛んでいくと，私には欲しかったものとその他にもいくつかプレゼントがありました。でも妹はリストのはじめのほうに書いてあるものがいくつかもらえただけで，全部ではありませんでした。妹はそんなとき，

“It's not fair! Sig got everything she asked for and I didn't!”

（ずるいよ！　シグはお願いしたものを全部もらって私はそうじゃない！）

と言って激しく怒ったものでした。

これは子供特有のワガママもプラスされていますが，妹の勝気な性格はいまでもあまり変わっていません。彼女はいつも望みを高く持ち，その分要求も強いものとなります。

英語には“shoot for the moon”（月を射る）という言葉がありますが，これは「望みを高く持つ」という意味

です。私よりアメリカ人的な妹にはこの言葉がピッタリです。

もちろん失敗することもあったでしょうが，私のように欲のないものに比べるとはるかに多くのものを得たのではないかと私は思っています。

アメリカ人のモットーに，

“Think big!”

というのがあります。これは日本語にはしにくいですが「野心を持て！」とか「大きなことをやろう！」という意味です。また，

“It never hurts to try!”

（とにかくやるだけやってみようよ！）

“If at first you don’t succeed, try, try again!”

（はじめに失敗しても，何度も何度も挑戦しよう！）

ともよく言います。

みなさんが英語を習得しようと努力なさっているのも，この精神でいけば乗り切れるのではないかと思い，最後にこの言葉を本を読んでくれたみなさんに贈り，終わりの言葉といたします。

（本書は1991年11月、はまの出版より
Ｂ６判で刊行されたものです）

アメリカの子供はどう英語を覚えるか

一〇〇字書評

切り取り線

購買動機（新聞、雑誌名を記入するか、あるいは○をつけてください）

□（　　　　　　　　）の広告を見て	
□（　　　　　　　　）の書評を見て	
□ 知人のすすめで	□ タイトルに惹かれて
□ カバーがよかったから	□ 内容が面白そうだから
□ 好きな作家だから	□ 好きな分野の本だから

●最近、最も感銘を受けた作品名をお書きください

●あなたのお好きな作家名をお書きください

●その他、ご要望がありましたらお書きください

住所	〒				
氏名		職業		年齢	
新刊情報等のパソコンメール配信を 希望する・しない	Eメール	※携帯には配信できません			

あなたにお願い

この本の感想を、編集部までお寄せいただけたらありがたく存じます。今後の企画の参考にさせていただきます。Eメールでも結構です。

いただいた「一〇〇字書評」は、新聞・雑誌等に紹介させていただくことがあります。その場合はお礼として特製図書カードを差し上げます。

前ページの原稿用紙に書評をお書きの上、切り取り、左記までお送り下さい。宛先の住所は不要です。

なお、ご記入いただいたお名前、ご住所等は、書評紹介の事前了解、謝礼のお届けのためだけに利用し、そのほかの目的のために利用することはありません。

〒一〇一‐八七〇一
祥伝社黄金文庫編集長　吉田浩行
☎〇三（三二六五）二〇八四
ohgon@shodensha.co.jp

祥伝社ホームページの「ブックレビュー」からも、書けるようになりました。
http://www.shodensha.co.jp/bookreview/

祥伝社黄金文庫

アメリカの子供はどう英語を覚えるか

平成16年2月20日　初版第1刷発行
平成25年8月25日　　　　第8刷発行

著　者　シグリッド・H・塩谷

発行者　竹内和芳

発行所　祥伝社

〒101－8701
東京都千代田区神田神保町3－3
電話　03（3265）2084（編集部）
電話　03（3265）2081（販売部）
電話　03（3265）3622（業務部）
http://www.shodensha.co.jp/

印刷所　萩原印刷

製本所　ナショナル製本

ISBN978-4-396-31342-5 C0182

祥伝社黄金文庫

片岡文子
1日1分！　英単語
TOEICや入試試験によく効く！　ワンランクアップの単語力はこの1冊で必要にして十分。

片岡文子
1日1分！　英単語　ちょっと上級
日本語訳は似ているのに、実はまるで違う単語。ニュアンスがわかれば、使える語彙は増える。

志緒野マリ
たった3ヵ月で英語の達人
留学経験なし、英語専攻でもなし。たった3カ月の受験勉強で通訳ガイドになった著者の体験的速習法。

志緒野マリ
これであなたも英会話の達人
ベテラン通訳ガイドが「企業秘密」を初公開！　外国人と会話を楽しむワザが笑いながら身につく。

桂　枝雀
落語で英会話
コミュニケーションの極意はアクションと情にあり！　英語落語の第一人者が教える英会話の真髄。

川島隆太
読み・書き・計算が子どもの脳を育てる
脳を健康に育てる方法を、東北大学・川島教授が教えます。単純な計算と音読の効果。